尚书·礼记

卷四

〔东汉〕孔安国 戴圣 著

乐记（下）

土敝则草木不长，水烦则鱼鳖不大，气衰则生物不遂，世乱则礼慝[1]而乐淫。是故其声哀而不庄，乐而不安，慢易以犯节，流湎以忘本。广则容奸，狭则思欲，感条畅之气，而灭平和之德。是以君子贱之也。

凡奸声感人而逆气应之，逆气成象而淫乐兴焉。正声感人而顺气应之，顺气成象而和乐兴焉。倡和有应，回[2]邪曲直各归其分，而万物之理各以类相动也。是故君子反情以和其志，比类以成其行。奸声、乱色，不留聪明，淫乐、慝礼不接心术，惰慢、邪僻之气不设于身体，使耳、目、鼻、口、心知、百体皆由顺正，以行其义。

然后发以声音，而文以琴瑟，动以干戚，饰以羽旄，从以箫管。奋至德之光，动四气之和，以著万物之理。是故清明象天，广大象地，终始象四时，周还象风雨。五色成文而不乱，八风从律而不奸，百度得数而有常。小大相成，终始相生。倡和清浊，迭相为经。故乐行而伦清，耳目聪明，血气和平，移风易俗，天下皆宁。

故曰：『乐者，乐也。』君子乐得其道，小人乐得其欲。以道制欲，则乐而不乱；以欲忘道，则惑而不乐。是故君子反情以和其志，广乐以成其教。乐行而民乡方[3]，可以观德矣。德者，性之端也；乐者，德之华也；金石丝竹，乐之器也。诗，言其志也；歌，咏其声也；舞，动其容也。三者本于心，然后乐器从之。是故情深而文明，气盛而化神，和顺积中而英华发外，唯乐不可以为伪。

乐者，心之动也；声者，乐之象也；文采节奏，声之饰也。君子动其本，乐其象，然后治其饰。是故先鼓以警戒，三步以见方；再始以著往，复乱[4]以饬归。奋疾而不拔，极幽而不隐。独乐其志，不厌其道，备举其道，不私其欲。是故情见而义立，乐终而德尊。君子以好善，小人以听过。故曰：『生民之道，乐为大焉。』

乐也者，施也；礼也者，报也。乐，乐其所自生；而礼反其所自始。乐章德，礼报情反始也。所谓大辂者，天子之车也；龙旂九旒，天子之旌也。青黑缘⑤者，天子之宝龟也。从之以牛羊之群，则所以赠诸侯也。

乐也者，情之不可变者也；礼也者，理之不可易者也。乐统同，礼辨异，礼、乐之说，管乎人情矣。穷本知变，乐之情也；著诚去伪，礼之经也。礼、乐偩⑥天地之情，达神明之德，降兴上下之神，而凝是精粗之体，领父子、君臣之节。是故大人举礼乐，则天地将为昭焉。天地訢合，阴阳相得，煦妪覆育万物，然后草木茂，区萌达，羽翼奋，角觡生，蛰虫昭苏，羽者妪伏，毛者孕鬻，胎生者不殰，而卵生者不殈，则乐之道归焉耳。

乐者，非谓黄钟、大吕、弦歌、干扬也，乐之末节也，故童者舞之。铺筵、席，陈尊、俎，列笾、豆，以升降为礼者，礼之末节也，故有司掌之。乐师辨乎声诗，故北面而弦；宗、祝辨乎宗庙之礼，故后尸；商祝⑦辨乎丧礼，故后主人。是故德成而上，艺成而下；行成而先，事成而后。是故先王有上有下，有先有后，然后可以有制于天下也。

【注释】

①慝：邪恶。

②回：违背。

③乡方：朝向正道。

④乱：指乐曲的结束部分。

⑤青黑缘：指龟甲的边缘呈青黑色。只有千岁之龟才有此色。

⑥偩：同『负』，倚仗，依循。

⑦商祝：熟悉商代丧葬礼仪的太祝。

【译文】

土地贫瘠，草木就不可生长；水流不稳定，鱼鳖就长不大；天地之气枯竭，万物就不能生长；世道混乱，礼就衰弱，乐就淫邪。因此，这时的音乐，悲哀却不庄严，喜悦却不安详，散漫而不合节拍，放纵而失去法度，缓慢的节奏中包含着邪恶，短促的节奏则激发淫欲。激发出人们的放荡之气，而减少人们的平易之德，因此君子轻视这样的音乐。

凡以奸邪淫乱之声去影响人们，而人们又以邪逆之气相共鸣，那就一定产生邪逆之气，从而淫乱的风气兴起。凡以中正平易之声去影响人们，而人们又以忠诚和乐之气相应和，那就会显现和顺的景象，从而廉洁的风气就会形成。有唱必有和，有响必有应。凡乖违邪僻、曲直善恶就各归本分。（这是由于）万事万物的常道，总是以同类相互触动应答的。因此君子要去除人性淫弱之性回到本心以和悦自己的心志，比照善类成就自己的德行，奸邪之声淫乱之色不留在自己的耳目中，荒淫之乐违礼之举不触及自己的心灵，懒散、怠慢、邪戾之气不沾染于自身，一定要使自己的耳、眼睛、鼻子、嘴巴、心灵、身体都处在忠顺之道，践行其应当做的正事。

然后歌唱、咏叹，并以琴瑟伴奏，又舞动干戈盾剑，装扮羽毛旌旗，并用箫管相和（以此作乐），彰显最高德行的光辉，感受四季之和谐，体现万事万物的至理。因此，乐所体现清丽明朗象征天，广漠辽阔象征地，其开头结尾像四季，前后呼应循环往复像风雨。（唯其如此）五声成乐像五色一样而不紊乱，八乐中、乐器和谐成律，像八风一样不侵夺杂乱，音律高低相辅相成，乐曲首末承传唱和、清浊而适度，循环重叠而合情。因此，乐行而人伦之序清，耳聪目明，心气平和，移风易俗，天下和谐。

因此说：『音乐，就是快乐。』君子快乐在得到道义，小人快乐在得到满足。以道义控制欲望，则快乐而不混乱；凭欲念而忘道义，则惑乱而无乐。因此，君子必内自反省而使己心和善，实行礼乐而教化人民。这样，礼乐行而民向德，因此，看其礼乐便可知其德行。德，是人性的顶端；乐，是道德的花朵；金、石、丝、竹，是演奏乐的器具。诗篇，用以表达人的志向；歌咏，用以传达人们的心声；舞蹈，用以展现人们的仪容。诗、歌、舞三者都是发自于人的内心，然后配以乐器演奏。所以乐的情意深刻而形象显明，气势旺盛而出神入化，和谐顺正的精神蕴积于心中，然后音乐的光彩才能展露出来，唯有乐是不可以作伪的。

乐，是出于内心的感动。声，是乐的表达形式。诗律节奏，是声的装饰。君子从心灵的感动出发，便以乐来表现，然后对节奏进行整理修饰。所以《大武》之乐的演奏，首先敲鼓叫舞蹈人员做好准备，再走三步表示即将舞蹈；第二段舞蹈开始时，也一样要先举足跺脚三回，以表示舞队前往的方向，表现武王伐纣两次进兵，到舞蹈终结时，再整饬舞队表现武王凯旋。舞蹈动作迅疾而不紊乱，音乐意味深长而不隐晦。《大武》乐舞表现了武王实现灭商之志的欣喜，又不违背仁义之道，它充分地称扬仁义之道，不纵容个人的私欲。所以《大武》乐舞既表达了情感，又确立了道义。乐舞结束的同时，也显现了道德的崇高。君子听了这样的音乐，更加喜欢善德；小人听了这样的音乐，也会省察自己的过失。因此说：『抚育人民的方法，音乐是最重要的。』

祭乐，是给予后人的；礼，是报答先人的。乐，是发自内的快乐，礼，是后人对祖先的感恩和回报。（所以）乐显现祖先的德行，祭礼则是寄托报恩之情，追溯根源。所谓『大辂』原是天子的车子，龙饰的旗是天子的旗帜，青黑边缘的龟甲也是天子的宝龟，但天子也都赐予诸侯，而且还要馈赠一群牛羊，这也都是表现天子对诸侯护卫、进贡的报答。

乐所表达的，是感情之不可变易者；礼所表达的，是道理之不可变易者。乐强调调和统一，礼强调区别尊卑贵贱。礼和乐的学说，贯通了全部人情。探索人们内心的本源，推知它的变化规律，这是乐的实质；发扬人们真诚的品德，除去那些虚伪的东西，这是礼的原则。礼和乐能够顺应天地的情意，通达鬼神的恩德，感动天神地祇降临，化育万物大小之体，调整君臣父子的关系。所以圣人推行礼乐，天地就会因此而变得光明起来。天地欣然交合，阴阳互相感应，抚育万物于是草木茂盛，作物萌芽，鸟儿展翅飞翔，兽类活蹦乱跳，蛰虫从冬眠状态中苏醒过来，鸟类孵卵育雏，兽类受孕育子，胎生的不至于流产，卵生的不至于蛋壳破裂。这一切都应归之于乐的功能。

所谓乐，并不只是指黄钟、大吕、弹拨琴瑟而歌、执盾举钺而舞，这些仅仅是乐的次要部分，因此少年就能歌舞。铺设宴席，陈设祭器，按上下进退的动作来行礼，这也是礼的次要部分，因此只需司仪就可以掌管。乐师能清楚地明白声乐诗歌，因此只能在下位面朝北弹琴。宗祝只不过是了解宗庙的详细礼仪，因此只能站在尸的后面相礼。商祝只明白丧事的礼仪，因此只能站在主人的后面行礼。因此，懂得礼乐的人应处在上位，而技艺上的应用却应居于下位。德行的完备是主要的，但具体事务的完成是次要的。因此，先王知晓天下万物有上下先后的道理，然后才制定礼乐，施行于天下。

魏文侯问于子夏曰：『吾端冕而听古乐，则唯恐卧；听郑、卫之音，则不知倦。敢问：古乐之如彼，何也？新乐之如此何也？』子夏对曰：『今夫古乐，进旅退旅①，和正以广。弦、匏、笙、簧，会守，拊、鼓，始奏以文，复乱以武，治乱以相，讯疾以雅。君子于是语，于是道古，修身及家，平均天下。此古乐之发也。今夫新乐，进俯退俯，奸声以滥，溺而不止；及优、侏儒，獶杂子女，不知父子。乐终不可以语，不可以道古。此新乐之发也。今君之所问者乐也，所好者音也。夫乐者，与音相近而不同。』

文侯曰：『敢问何如？』子夏对曰：『夫古者、天地顺而四时当，民有德而五谷昌，疾疢不作而无妖祥，此之谓大当。然后圣人作为父子、君臣，以为纪纲。纪纲既正，天下大定。天下大定，然后正六律，和五声，弦歌《诗·颂》，此之谓「德音」，德音之谓乐。《诗》云：「莫其德音，其德克明。克明克类，克长克君。王此大邦，克顺克俾。俾于文王，其德靡悔。既受帝祉，施于孙子。」②此之谓也。今君之所好者，其溺音乎？』

文侯曰：『敢问溺音何从出也？』子夏对曰：『郑音好滥淫志，宋音燕女溺志，卫音趋数烦志，齐音敖辟乔志。此四者皆淫于色而害于德，是以祭祀弗用也。《诗》云：「肃雍和鸣，先祖是听。」夫肃肃，敬也；雍雍，和也。夫敬以和，何事不行？为人君者，谨其所好恶而已矣。君好之，则臣为之；上行之，则民从之。《诗》云：「诱民孔易③。」此之谓也。』

『然后，圣人作为鞉、鼓、椌、楬、埙、篪，此六者，德音之音也。然后钟、磬、竽、瑟以和之，干、戚、旄、狄以舞之，此所以祭先王之庙也，所以献、酬、酳、酢也，所以官序贵贱各得其宜也，所以示后世有尊卑长幼之序也。』

『钟声铿，铿以立号，号以立横④，横以立武。君子听钟声，则思武臣。石声磬，磬以立辨，辨以致死。君子听磬声，则思死封疆之臣。丝声哀，哀以立廉，廉以立志。君子听琴瑟之声，则思志义之臣。竹声滥⑤，滥以立会，会以聚众。君子听竽、笙、箫、管之声，则思畜聚之臣。鼓鼙之声讙，讙以立动，动以进众。君子听鼓鼙之声，则思将帅之臣。君子之听音，非听其铿锵而已也，彼亦有所合之也。』

【注释】

①旅：共同。

②莫：通『默』。克：能够。俾于文王：影响及文王。帝祉：上天降下的福祉。孙子：指后代子孙。

③孔：很、甚。

④横：气作充满。

⑤滥：聚。

【译文】

魏文侯问子夏说：『我穿戴礼服礼帽听古代的音乐，恐怕很快就睡着了；而倾听郑、卫两国的音乐时，就不知疲劳。请问古乐为什么能让我这样呢？新乐让我这样，又怎样解释？』子夏说：『所谓古乐，表演时舞列同进同退，动作齐一，曲调平和中正而宽广。琴瑟、笙、簧等管弦乐器都等待拊鼓的击奏调控。开始演奏时敲鼓，乐曲结束时，鸣铙，用拊来调节最后的乐章，用雅来调节音乐的节奏。君子用此来评议乐舞的深刻含义，道古论今，发表修身齐家，治国平天下的议论，这是演奏古乐引发的。而所谓的新乐，舞蹈人员表演起来弯腰屈体参差不齐，歌和曲的声音淫邪放任，使人沉迷其中而不能自控；甚至还加上俳优侏儒的演出，男女混杂，父子不分，音乐完结了，既不能供人座谈，也不能通过它来称赞古代事迹。这就是演奏新乐引发的。现在你问的是「乐」，而您所喜爱的是「音」。乐和音尽管相似，但实际上却是不同的。』

魏文侯又问道：『那他们是如何的不同呢？』子夏说：『古代的时候，天地和顺，四时风调雨顺，人民有德，五谷丰登，疾病灾难不出现，怪异现象不出现，这就称为天下太平了。这时就有圣人出现，制定父子、君臣的名分，当作人们的纲常。纲常明确了，天下就太平了。天下太平了，然后再制定六律、调节五音，演奏乐器来歌唱《诗经》的《颂》，这样的音乐，就称为德音，德音才能成为乐。《诗经·大雅·皇矣》中说：「王季的德音天下应和，他的德行照临四方。德行照临四方，勤劳施惠于民，为民师长，教诲不倦，为民君上，赏罚分明。他治理大国，慈和为善，择善而从，令四方顺服。等到其子文王继位，他的德行完美，无可怨悔。」不但得到上天赐予的福佑，传给子孙后代。」这就是德音的作用。而您所喜爱的大概是那些使人消沉惑乱的音吧！』

文侯问：『请问，令人沉溺之音从何而来？』子夏答复道：『郑地之音轻佻放任，宋地之音沉溺女色，卫地之音急促烦心，齐地之音倨傲邪恶。这四种乐音，都是沉湎声色又妨碍道德的，因此祭祀是不用的。《诗经》云：「肃雍和鸣，先祖是听。」这里的「肃」就是恭敬的含义；「雍」，就是和谐的含义。恭敬而祥和，还有何事办不到？身为人君，就是要认真看待自己的好恶。因为人君所喜欢的，大臣们就会去做；上面倡导的，民众就会跟着做。《诗经》说：「诱导民众很简单。」就是这个意思。』

子夏继续说：『（根据肃敬祥和的精神）圣人又制作出鞉、鼓、椌、楬、埙、篪，这六件乐器奏出的是淳朴素雅的道德之音。然后再用钟、磬、竽、笙来伴奏，手执盾、斧、牛尾毛、野鸡翎毛来舞蹈，这样的乐才可以用于祭祀先王宗庙，才可以用于献酒、旅酬、食毕以酒漱口、回敬酒这些礼仪活动，才可以区分官位高低身份贵贱而各得其宜，才可以向后人展示尊卑长幼的次序。』

『钟声铿铿，铿铿之声好像发布号令，号令就让人充满雄壮之情，充满雄壮之气即是武将风度。因此君子一听到钟声就应联想到武臣。石声磬磬，磬磬之声使人分辨是非，产生以死报国之情。因此君子一听敲磬之声，就要想到为国捐躯的志士仁人。丝弦之声哀以远，会让人产生廉正之心，令人立志清廉。因此君子听到琴瑟之声，就应想起廉洁正义之臣。竹声轻松远扬，好像广交朋友，广聚人才。君子一听见竽、笙、箫、管之声，就要想到容纳安抚百姓之大臣。鼓鼙之喧腾，喧腾的声音易让人振奋心动，振奋心动就会率民众前进。因此君子听到鼓鼙之声，就要想到身为将帅的大臣。（总之）君子听音，并不是只听到铿锵的声音而已，是要从音乐中听出与心相契合的东西来的。』

宾牟贾侍坐于孔子，孔子与之言，及乐，曰：『夫《武》之备戒之已久，何也？』对曰：『病不得其众也。』『咏叹之，淫液之，何也？』对曰：『恐不逮事也。』『发扬蹈厉之已蚤，何也？』对曰：『及时事也。』『《武》坐，致右宪①左，何也？』对曰：『非《武》坐也。』『声淫及商，何也？』对曰：『非《武》音也。』子曰：『若非《武》音，则何音也？』对曰：『有司失其传也。若非有司失其传，则武王之志荒矣。』子曰：『唯。丘之闻诸苌弘，亦若吾子之言是也。』

宾牟贾起，免席[2]而请曰：『夫《武》之备戒之已久，则既闻命矣。敢问迟之迟而又久，何也？』子曰：『居，吾语女。夫乐者，象成者也。总干而山立，武王之事也。发扬蹈厉，大公之志也。《武》乱皆坐，周、召之治也。且夫《武》，始而北出，再成而灭商，三成而南，四成而南国是疆，五成而分，周公左，召公右，六成复缀，以崇天子。夹振之而驷伐，盛威于中国也。分夹而进，事蚤济也。久立于缀，以待诸侯之至也。且女独未闻牧野之语乎？武王克殷反商，未及下车而封黄帝之后于蓟，封帝尧之后于祝，封帝舜之后于陈；下车而封夏后氏之后于杞，投殷之后于宋，封王子比干之墓，释箕子之囚，使之行商容而复其位。庶民弛政，庶士倍禄。济河而西，马散之华山之阳而弗复乘，牛散之桃林之野而弗复服，车甲衅[3]而藏之府库而弗复用，倒载干戈，包之以虎皮，将帅之士使为诸侯，名之曰『建櫜』。然后天下知武王之不复用兵也。散军而郊射，左射《狸首》，右射《驺虞》而贯革之射息也。裨冕搢笏，而虎贲之士说剑也。祀乎明堂而民知孝，朝觐然后诸侯知所以臣，耕藉然后诸侯知所以敬。五者，天下之大教也。食三老、五更于大学，天子袒而割牲，执酱而馈，执爵而酳，冕而总干，所以教诸侯之弟也。若此，则周道四达，礼乐交通，则夫《武》之迟久，不亦宜乎！』

君子曰：礼乐不可斯须去身。致乐以治心，则易、直、子[4]、谅之心油然生矣。易、直、子、谅之心生则乐，乐则安，安则久，久则天，天则神。天则不言而信，神则不怒而威，致乐以治心者也。致礼以治躬则庄敬，庄敬则严威。心中斯须不和不乐，而鄙诈之心入之矣；外貌斯须不庄不敬，而易慢之心入之矣。故乐也者，动于内者也；礼也者，动于外者也。乐极和，礼极顺，内和而外顺，则民瞻其颜色而弗与争也，望其容貌，而民不生易慢焉。故德辉动于内，而民莫不承听；理发诸外，而民莫不承顺。故曰：『致礼乐之道，举而错之，天下无难矣。』

乐也者，动于内者也；礼也者，动于外者也。故礼主其减，乐主其盈⑤。礼减而进，以进为文；乐盈而反，以反为文。礼减而不进则销，乐盈而不反则放，故礼有报而乐有反。礼得其报则乐，乐得其反则安。礼之报，乐之反，其义一也。

【注释】

①宪：通『轩』，抬起。

②免席：避席，离席。表示尊敬。

③衅：以血涂物。

④子：通『慈』。

⑤减：减省烦琐。盈：丰富充足。

【译文】

宾牟贾陪坐在孔子旁，孔子与他谈话，谈到乐，孔子问他：『《武》乐开始时敲鼓警众，敲鼓很长才开始舞，这是什么原因？』宾牟贾答道：『这表示武王出兵伐纣前担心得不到士兵的支持。』孔子又问：『既长歌咏唱，又绵延不绝，这是什么原因？』宾牟贾说：『表示当年武王担心各诸侯未能及时赶到，而稍事等候的意思。』孔子又问：『那舞一开始就动作勇猛扬手踏脚，是什么原因？』宾牟贾说：『表示及时讨伐。』孔子又问：『《武》舞五成时，舞者右膝着地而左膝提起，是什么意思？』宾牟贾说：『舞者右膝跪地，左膝抬起，这并不是《武》舞的坐法。」孔子问：「演唱的音中流出有贪占商的意思，这是什么原因？」宾牟贾说：「《武》舞音乐是武王用于端正军风的，若有贪占商的意思，那不《武》舞的音乐。」孔子说：「如果不是《武》乐应有之音，那是何音呢？」宾牟贾说：「我想是乐官传授有错误。如果不是传授有误，那就是武王当年的心情杂乱了。」孔子说：「是的。我曾听周大夫苌弘所说，与您所说相同，这就是了。」

宾牟贾站立，离开坐席说：「那《武》乐的上述情况我已知道了。现在请问：《武》乐的每一段都表演得很长，这是为什么？」孔子说：「请坐下，我告诉你。乐，是表示事业成功的。那舞姿有手执戈盾如山而立的，即表示武王伐纣的威重之容；手舞足蹈坚强有力，表示将帅之勇和太公之用心；《武》乐曲终时全体跪地，又表示周公、召公的太平之治。再从《武》乐的表演过程来讲，第一节象征武王北出孟津等待诸侯会合，第二节象征武王灭商，第三节象征领兵向南，第四节象征南国归入版图，第五节象征周公和召公一左一右地辅佐天子，第六节时舞者回到表演开始的位置，这象征诸侯凯旋，尊崇武王为天子。在表演过程中，天子夹在舞队的中间摇动铎铃，而舞者以戈矛四度击刺，这象征军威雄壮，威震中国。既而舞队又分别前进，这象征要早一点渡河伐纣。至于舞者站在舞位上久立不动，这象征武王在等待各路诸侯的到来。况且，你难道没有听过牧野之事吗？武王战胜了殷纣王，来到了殷都，未等下车，就把黄帝的后代封于蓟，把帝尧的后代封于祝，把帝舜的后代封于陈。下车以后又封夏禹的后代于杞，把商汤的后代迁移于宋，整修了王子比干的墓，把箕子从牢中释放出来，让他去寻访商代的礼乐之官并且官复原位。对民众实行宽松的政策，对官员成倍地增加俸禄。然后渡过黄河向西，把驾车的马放牧于华山南面，表示不再用它们拉战车；把牛放牧于桃林的原野，表示不再役使它们；把兵车铠甲盖好包好以后收藏到府库里，表示不再使用它们。把干戈等武器倒放，用虎皮包裹起来，把带兵的将帅封为诸侯，收藏起弓矢、兵器，称之为『建櫜』。这样一来，普天之下都知道武王不再用兵打仗了。散去了军队，在郊外学宫举办射箭活动，行礼时，在东郊学宫奏《狸首》，在西郊学宫演奏《驺虞》，射箭是演礼，那种要贯穿革甲的强力射箭终止了。大臣们都身穿礼服，头戴礼帽，腰插笏板，武士们身上的箭也解下了；在明堂祭祀祖先，而使民众就懂得孝道了；定期朝见天子，诸侯就知道如何为臣了；天子在籍田中举办耕种仪式，诸侯就懂得敬奉天帝鬼神了。上述五个方面，是教导天下的重大措施。在大学中举办食礼，供养三老、五更，天子露出左臂，亲自切割牲肉，拿着酱请他们蘸着吃。接着又捧上酒爵请他们漱口，还头戴冠冕、手拿盾牌为他们起舞，这就是教育诸侯尊敬兄长。像这样，周朝的政教便弘扬四方，礼乐畅通天下。由此可知，武乐演奏的时间长，不是理所应当的事吗？』

君子说：礼乐是时刻不能离开人们的身心。通过研究礼乐来调节内心修养，那么平和、正直、仁爱、诚实的心情就自然出现了。有了这样的心情就能感到精神快乐，精神快乐了内心就能安定，内心安定了就能生命长久，生命长久就能通达天道，通达天道了就能与神明相通。天虽然不言不语却最有信用；神明虽不愠但自有威严，这就是运用乐来调节内心修养的结果。运用礼来调节自己的容貌仪表，那么态度就会端庄恭敬。态度端庄恭敬了就会显得有威严。心里如有片刻不平和不快乐，那么卑鄙欺骗的心思就会乘虚而入。外貌只要有片刻不庄严不恭敬，那么轻率怠慢的想法就会乘虚而入；所以乐是出自于内心的，礼是作用于外表的。乐的极致是欢悦，礼的极致是恭顺，内心平易而外表恭顺，那么人民只要见到他的脸色，就不会跟他争执了，见到他的容貌，就不会对他产生轻率怠慢的想法了。所以，道德的光辉发自于内心，人们就不会不归顺；理从外貌上体现出来，人们也不会不顺从他的领导。因此说：『运用礼和乐的教导，再把它们施行于天下，天下的治理就不难了。』

乐，修养人的内心精神。礼，端正人的外表言行。所以礼要减省烦琐，做到简单易行；乐则要求充分抒发人丰富的性情。礼要减省也得自我勉励，礼以自我勉励为善为美；乐虽丰满充盈但也要自我抑制，乐以自我抑制为善为美。礼如果减省却不自我勉励，就会蚀消亡，乐抒发丰富情感，如果不返回本性就会放任放纵。因此礼要求自我勉励而乐要求自我抑制。礼得到勉励人才乐于遵从，乐做到自我抑制才会使人心安定。因此礼的自我勉励和乐的自我抑制，两者的意义是一样的。

夫乐者，乐也，人情之所不能免也。乐必发于声音，形于动静，人之道也。声音动静，性术之变尽于此矣。故人不耐无乐，乐不耐无形。形而不为道，不耐无乱。先王耻其乱，故制《雅》《颂》之声以道之，使其声足乐而不流，使其文足论而不息，使其曲直、繁瘠、廉肉[1]、节奏足以感动人之善心而已矣，不使放心、邪气得接焉。是先王立乐之方也。

是故乐在宗庙之中，君臣上下同听之则莫不和敬；在族长乡里之中，长幼同听之则莫不和顺；在闺门之内，父子兄弟同听之则莫不和亲。故乐者，审一以定和，比物以饰节[2]，节奏合以成文。所以合和父子、君臣，附亲万民也。是先王立乐之方也。

故听其《雅》《颂》之声，志意得广焉。执其干戚，习其俯仰诎伸，容貌得庄焉。行其缀兆，要[3]其节奏，行列得正焉，进退得齐焉。故乐者，天地之命，中和之纪，人情之所不能免也。

夫乐者，先王之所以饰喜也。军旅、鈇钺者，先王之所以饰怒也。故先王之喜怒皆得其侪[4]焉。喜则天下和之，怒则暴乱者畏之。先王之道，礼乐可谓盛矣。

子赣见师乙而问焉，曰：『赐闻声歌各有宜也。如赐者，宜何歌也？』师乙曰：『乙，贱工也，何足以问所宜！请诵其所闻，而吾子自执[5]焉。宽而静，柔而正者，宜歌《颂》；广大而静，疏达而信者，宜歌《大雅》；恭俭而好礼者，宜歌《小雅》；正直而静，廉而谦者，宜歌《风》；肆直而慈爱，宜歌《商》；温良而能断者，宜歌《齐》。夫歌者，直己而陈德也。动己而天地应焉，四时和焉，星辰理焉，万物育焉。故《商》者，五帝之遗声也。商人识之，故谓之《商》；《齐》者，三代之遗声也，齐人识之，故谓之《齐》。明乎《商》之音者，临事而屡断；明乎《齐》之音者，见利而让。临事而屡断，勇也；见利而让，义也。有勇有义，非歌孰能保此？故歌者，上如抗，下如队，曲如折，止如槁木，倨中矩，句中钩，累累乎端如贯珠。』

『故歌之为言也，长言之也。说之，故言之；言之不足，故长言之；长言之不足，故嗟叹之；嗟叹之不足，故不知手之舞之，足之蹈之也。』《子贡问乐》。

【注释】

①廉肉：廉：廉棱。肉：肥满。指有棱有角，丰满柔和。

②比、饰：都是配合的意思。物：指乐器。

③要：体会。

④侪：同类，同辈。

⑤执：斟酌，判断。

【译文】

乐，就是快乐，是人的情感所不能免除的。凡心中喜悦就要从声音表现出来，以动作表示出来，这是人之常情。因此一个人的声音动作，就是他的性格、修养的全部展现。因此，人不能没有快乐，而快乐又不可能没有表现的形式。但如果他的声音和动作不合乎道义，也就不可能不发生错乱。先代圣王就以不合规则的混乱为耻辱，因此创作《雅》《颂》之乐来引导，使人们既能获得充分的快乐又不至于放纵邪恶，使其文辞足以讨论义理而不会无话可说，也就是要让乐章的迂回平直，复杂简略，和雅润泽，以及高低、快慢、强弱等，都足以感动人们的善心，而不让放纵邪恶之气相接触。这就是先王立乐的根据和目的。

因此乐在宗庙之中演奏，君臣上下同听，没有不和谐而尊敬国君的；在家族乡里演奏，长辈晚辈同听，没有不和睦相处而孝顺老人的；在家门之内演奏，父子兄弟同听，没有不感情融洽互相亲爱的。所以乐先审察人的声音和感情，然后再确定乐的基调。用各种乐器来配合节奏，按一定的节奏调和五声构成乐曲，用来使父子君臣的关系融洽，使万民亲附为一体，这就是先王制定乐的宗旨。

因此，听到《雅》《颂》的乐歌，会让人心胸变得宽广。拿着盾与斧等舞具，学习俯、仰、屈、伸等舞蹈动作，会让人仪态容貌变得庄重。按一定的行列和区域行动，附和着音乐的节奏，行列就会规规正正，一进一退的动作也就整整齐齐。因此，音乐仿佛是天地的教化，是调节一切关系的纲纪，是满足人的情感需要所不能缺少的。

所谓乐，是先王用来表示喜悦的。军队和斧钺，是先王用来表达愤怒的。因此先王的喜怒哀乐，都有与之相配的东西来表示。先王喜悦，天下的百姓都跟着欢乐；先王愤怒，暴乱的人就害怕。先王治理天下的办法，在礼乐中能够充分地体现出来。

子贡去见师乙，向他求教说：『我听说唱歌要适应各自的个性。像我这样的人，适合唱什么样的歌呢？』师乙说：『我只是个卑贱的乐工，怎么敢来答复您的问题呢？但请允许我陈说我的所知，然后由您自己判断吧！』宽厚沉静、温柔而正直的人，适宜唱《颂》；胸襟宽广而沉静，豁达而诚信的人适宜唱《大雅》；恭敬俭朴而爱好礼仪的人适宜唱《小雅》；正直而沉静，廉洁而谦虚的人适宜唱《国风》；率直而慈爱的人适宜唱《商》，善良而果断的人适宜唱《齐》。唱歌，是直抒心意并展示自己的品德。唱歌的人心中受到感动而与天地相应，使四季气候调和，使星辰运行合乎规律，使万物生长发育。因此《商》是五帝时期流传下来的，商人把它记录下来，所以称之为《商》；《齐》是三代时期流传下来的，齐人把它记录下来，所以称之为《齐》。通晓《商》这首歌曲，在处理事情时就能决断；通晓《齐》这首歌曲，在有了利益时就能谦让。处理事情时能决断是勇敢的表现；有了利益时就能谦让，是义气的表现。勇敢而有义气，不是通过歌曲来加强修养，谁能够永远保持这种品质呢？所以歌唱时，歌声上仰如高腾入云，下降如坠落深渊，曲折如弯拐回转，静止时寂如枯木，平直时可合矩尺测量，弯转之言合圆规测度，歌声绵绵不绝如用线串穿起来的珍珠。

『所以唱歌也和说话一样，不过是拉长了声音的说话。因为高兴，所以想说话，说话不足以尽兴，就拖长声调来说；拖长声调还不足以尽兴，就吁嗟叹了，吁嗟叹了不足以尽兴，就不知不觉地手也舞起来了，足也跳起来了。』《子贡问乐》

杂记（上）

诸侯行而死于馆，则其复如于其国；如于道，则升其乘车之左毂，以其绥复。其輤有裧①，缁布裳帷，素锦以为屋而行。至于庙门，不毁墙，遂入，适所殡，唯輤为说于庙门外。

大夫、士死于道，则升其乘车之左毂，以其绥复。如于馆死，则其复如于家。大夫以布为輤而行，至于家而说輤，载以輲车，入自门至于阼阶下而说车，举自阼阶，升适所殡。士輤，苇席以为屋，蒲席以为裳帷。

凡讣于其君，曰：『君之臣某死。』父、母、妻、长子，曰：『君之臣某之某死。』君讣于他国之君，曰：『寡君不禄，敢告于执事。』夫人，曰：『寡小君不禄。』太子之丧，曰：『寡君之适子某死。』大夫讣于同国，适者，曰：『某不禄。』讣于士，亦曰：『某不禄。』讣于他国之君，曰：『君之外臣寡大夫某死。』讣于适者，曰：『吾子之外私寡大夫某不禄，使某实。』讣于士，亦曰：『吾子之外私寡大夫某不禄，使某实。』士讣于同国大夫，曰：『某死。』讣于士，亦曰：『某死。』讣于他国之君，曰：『君之外臣某死。』讣于大夫，曰：『吾子之外私某死。』讣于士，亦曰：『吾子之外私某死。』

大夫次于公馆以终丧，士练而归。士次于公馆，大夫居庐，士居垩室。

大夫为其父母、兄弟之未为大夫者之丧，服如士服。士为其父、母兄弟之为大夫者之丧，服如士服。

大夫之适子，服大夫之服。大夫之庶子为大夫，则为其父母服大夫服；其位、与未为大夫者齿②。士之子为大夫，则其父母弗能主也，使其子主之；无子，则为之置后。

大夫卜宅与葬日，有司麻衣、布衰、布带，因丧屦，缁布冠不蕤。占者皮弁。如筮，则史练冠、长衣以筮。占者朝服。

大夫之丧，既荐马。荐马者，哭踊，出乃包奠而读书。大夫之丧，大宗人相，小宗人命龟，卜人作龟。复：诸侯以褒衣、冕服、爵弁服。夫人税衣、揄狄，狄、税素沙。内子以鞠衣、褒衣，素沙。下大夫以袒衣。其余如士。复西上。

大夫不揄绞属于池下。

大夫祔于士。士不附于大夫，附于大夫之昆弟，无昆弟则从其昭穆。虽王父母在亦然。妇附于其夫之所附之妃，无妃。则亦从其昭穆之妃。妾附于妾祖姑，无妾祖姑则亦从其昭穆之妾。男子附于王父则配，女子附于王母，则不配。公子附于公子。君薨，大子号称『子』，待犹君也。

有三年之练冠，则以大功之麻易之，唯杖、屦不易。有父母之丧，尚功衰，而附兄弟之殇，则练冠，祔于殇，称『阳童某甫』，不名神也。

凡异居，始闻兄弟之丧，唯以哭对可也。其始麻，散带绖。未服麻而奔丧，及主人之未成绖也，疏者与主人皆成之，亲者终其麻带绖之日数③。

主妾之丧，则自祔，至于练、祥，皆使其子主之。其殡、祭不于正室。君不抚仆、妾。女君死，则妾为女君之党服。摄女君，则不为先女君之党服。

闻兄弟之丧，大功以上，见丧者之乡而哭。适兄弟之送葬者弗及，遇主人于道，则遂之于墓。凡主兄弟之丧，虽疏亦虞之。凡丧服未毕，有吊者，则为位而哭，拜，踊。大夫之哭大夫，弁绖。大夫与殡，亦弁绖。大夫有私丧④之葛，则于其兄弟之轻丧，则弁绖。

【注释】

①辑（qiàn）：柩车的顶盖。裧：古代装饰柩车的裙缘，像鳖甲形状。

②齿：同列、相同。

③日数：天数，时间。

④私丧：妻子之丧。

【译文】

诸侯访问他国而死于宾馆，则其招魂仪式和死在本国完全相同。如果死在半道，则从者就攀上国君所乘车的左轮轮毂上，挥动登车时拉手的绳子来招魂。柩车上有顶盖，顶盖的四周有下垂的缘边，载尸车的四周是用黑布围成的帷幕，整个棺材还要用素锦遮盖起来。这样安排停当，柩车才往家走。到达本国的殡宫，不须撤除柩车四周的帷布就能够进去，径直把灵柩放置在堂上两楹之间。但柩车上的顶盖要卸下来，放置殡宫门外。

大夫士死在路上，就登上他的乘车的左轮轮毂上用他的引手绳招魂；如果死在他国馆舍，那他的招魂仪式和在家里一样。大夫去世用未染的白布作为柩车的顶盖，到家门外去掉顶盖，用辒车来载柩，进家门到东阶下，将尸体取下，从东阶抬上放到停尸的地方，士的柩车用苇席覆棺，蒲席作裳帷。

凡臣子去世，向国君讣告，应说：『君的臣下某死了。』假如是大夫、士的父母、妻子、长子去世而向自己的国君报丧，应说『君的臣下某的某位亲属死了』。国君去世而向别国国君报丧，则说『寡君不禄了，敢向殿下执事汇报』。如果为国君的夫人报丧，则说『寡小君不禄了』。如果为国君的长子报丧，则说『寡君的嫡子某死了』。大夫去世，向本国地位相等者报丧，则说『某不禄了』。向士报丧，也说『某不禄了』。如果向他国之君报，则说『君之外臣、寡大夫某死亡了』。如果向他国的大夫报丧，则说『先生的国外好友寡大夫某不禄了，丧家派我前来通报』。如果向他国的士报丧，也说『您国外好友寡大夫某不禄了，丧家派我前来通报』。士去世，向本国大夫报丧，则说『某死了』。如果向本国之士报丧，也说『某死了』。如果向外国国君汇报，则说『君的外臣某死了』。如果向他国大夫报丧，则说『您的国外好友某死了』。如果向他国之士报丧，也说『您的国外好友某死了』。

大夫遇到国君的丧事，要在国君馆舍守丧三年，然后回家。士可以在练祭后回家。士也住在馆舍中居丧，但与大夫不同：大夫在倚庐，士住垩室。

作为大夫，为其去世的父母兄弟没有做到大夫者服丧，其丧服依据士礼服丧。作为士，为其去世的父母兄弟没有做到大夫者服丧，其丧服也依据士礼服丧。大夫去世，其嫡子尽管不是大夫，也可依据大夫之礼服丧。大夫去世，其庶子为大夫，也可依据大夫之礼为父母服丧，但哭泣的位置只能与不是大夫的人同列。士的儿子，官为大夫，如果儿子去世，他的父母由于身份是士，而没有资格为他操持丧事，就应由儿子的儿子来操持；如果儿子没有儿子，就应为儿子立一个过继的儿子。

大夫龟卜葬地、葬期时，大夫的家臣穿白布深衣，前胸缀着一块粗麻布，腰系布带，穿麻绳编的丧鞋，戴缁布帽子，没有下垂的冠缨的饰布带。占验贞卜吉凶者穿皮弁服。如果用蓍草来占卜墓地和葬期，筮占的史官就头戴练冠、身穿长衣。占验贞卜者身穿朝服。

大夫之丧，灵柩将遣出庙门时行『荐马』礼，即把拉柩车的马牵进祖庙。御者将马拉进去的时候，大家一起哭、顿足，然后马车拉出庙门。接下来把祭奠之牲的下体分段包裹，然后朗读核查助葬品清单。大夫之丧，大宗人辅佐丧主行礼，小宗人将所要占问之事告诉龟甲，卜人则灼龟获取兆象。

招魂礼，为诸侯招魂用褒衣、冕服、爵弁服；为诸侯夫人招魂用褖衣揄狄、阙狄、鞠衣、襢衣等五种衣服，素纱里子。为卿的正妻招魂用鞠衣、褒衣，素纱里子。为下大夫之妻招魂用襢衣。其余的人都像士妻一样用黑色褖衣。

招魂的时候，位置以西边为上位。大夫的灵车不用飘动的揄绞。

大夫的主神能够祔于为士的祖父的神主一道祭祀，士的神主却不能祔于为大夫的祖父的神主一道祭祀，而可祔于生前为士的祖父的兄弟的神主一道祭祀，如没有为士的兄弟，则祔于身份为士的高祖神主一道祭祀。尽管祖父母还健在也依此礼。妇女祔于丈夫所祔的祖父的妻子的神主一道祭祀，如果没有祖父配偶的神主，祖父配偶尚健在，就按昭穆顺序祔于高祖配偶的神主一道祭祀。妾的神主应祔于妾的祖姑的神主一道祭祀，如果没有妾祖父配偶的神主，妾祖姑尚健在，就按昭穆顺序祔于高祖之妾的神主一道祭祀。男子的神主祔于祖父神主祭祀，要并祭祖母，但未出嫁或出嫁未满三月而死的女子的神主祔于祖母神主祭祀时，就不用并祭祖父。国君庶子的神主只能祔于同样身为庶子的祖辈的神主一道祭祀。

三年服丧在小祥后改用练冠，又遇大功丧服，只要改戴大功的丧冠和麻绖就行了。唯有为父母服丧用的丧杖和丧鞋不变。为父母之丧，已过小祥祭，换上了功衰，而遇到未成年兄弟的祔祭时，仍然戴练冠参加祔祭。未成年而夭折的亲人的祭文中，要给死者起一个名字称『阳童某甫』。不呼他的名，是因为把他看作鬼神尊重。

凡因住在异地，始闻兄弟之丧刚奉报时可不说话只是哭，并身穿麻衣，头戴首绖，系上散麻腰带。凡异地而居闻兄弟之丧而能马上奔丧的，则不在外地服麻，但应在主人小殓加麻之后成服之前到达。

君代替主妇的主妾之丧，亲自主持将妾之神主移入祖庙祔祭，练祭，祥祭，均由其子操持。其殡与祭都在侧室，亦不在正室进行。国君对于仆人和妾，去世后不抚尸而哭。女君去世后，众妾都得为女君的家族服丧，但代替女君的主妾去世后，众妾不需为其家族服丧。

听到兄弟的死讯回乡奔丧，服大功以上的亲属，远望见死者的家乡就要痛哭。为兄弟送葬而没有赶上，在路上遇到葬毕回家的丧主，不能与丧主一道回家，要独自前往墓地哭送。凡为兄弟主持丧事，即使是小功以下的亲属，也要举办虞祭、祔祭完毕才算结束。

凡丧服未除如有过来吊丧者，也得安排在规定的位置上哭，拜客而顿足。大夫哭吊大夫，要头戴皮弁加麻绖。大夫参加殡殓，应头戴皮弁加麻绖。大夫在妻子之丧时，尽管葬后已变麻为葛，而遇远房兄弟之丧，也得爵弁加环绖前去哭之。

为长子杖，则其子不以杖即位。为妻，父母在，不杖，不稽颡。母在，不稽颡。稽颡者，其赠也拜。

违诸侯，之大夫，不反服；违大夫，之诸侯，不反服。

丧冠条属，以别吉凶。三年之练冠，亦条属，右缝。小功以下左，缌冠缲缨。大功以上散带。朝服十五升，去其半而缌，加灰锡也。

诸侯相襚，以后路与冕服。先路①与褒衣，不以襚。遣车视牢具，疏布輤，四面有章，置于四隅。载粻，有子曰："非礼也。丧奠脯、醢而已。"祭称"孝子""孝孙"，丧称"哀子""哀孙"。

端衰、丧车，皆无等。大白冠、缁布之冠，皆不蕤。委武玄、缟而后蕤。大夫冕而祭于公，弁而祭于己。士弁而祭于公，冠而祭于己。士弁而亲迎，然则士弁而祭于己可也。畅，臼以椈，杵以梧。枇以桑，长三尺，或曰五尺。毕用桑，长三尺，刊其柄与末。率带，诸侯、大夫皆五采，士二采。醴者，稻醴也。瓮、甒、筲、衡，实见间，而后折入。重②。既虞而埋之。

凡妇人，从其夫之爵位。小敛、大敛、启，皆辩拜。朝夕哭不帷，无柩者不帷。君若载而后吊之，则主人东面而拜，门右北面而踊。出待，反而后奠。子羔之袭也，茧衣裳与税衣、纁袡为一，素端一，皮弁一，爵弁一，玄冕一。曾子曰："不袭妇服。"

为君使而死，公馆复，私馆不复。公馆者，公宫与公所为也；私馆者，自卿大夫以下之家也。公七踊，大夫五踊，妇人居间；士三踊，妇人皆居间③。

公袭：卷衣④一，玄端一，朝服一，素积一，纁裳一，爵弁二，玄冕一，褒衣一，朱绿带。申加大带于上。

小敛环绖，公、大夫、士一也。公视大敛，公升，商祝铺席，乃敛。鲁人之赠也，三玄二纁，广尺，长终幅。

吊者即位于门西，东面。其介在其东南，北面，西上，西于门。主孤西面。相者受命曰："孤某使某请事。"客曰："寡君使某，如何不淑！"相者入告，出曰："孤某须矣。"吊者入，主人升堂，西面。

吊者升自西阶，东面，致命曰：『寡君闻君之丧，寡君使某，如何不淑！』子拜稽颡，吊者降，反位。

含者执璧将命，曰：『寡君使某含。』相者入告，出曰：『孤某须矣。』含者入，升堂致命。子拜稽颡。含者坐委于殡东南，有苇席，既葬蒲席。降，出反位。宰夫朝服，既丧屦，升自西阶，西面坐取璧，降自西阶，以东。

襚者曰：『寡君使某襚。』相者入告，出曰：『孤某须矣。』襚者执冕服，左执领，右执要，入，升堂致命曰：『寡君使某襚。』子拜稽颡。委衣于殡东。襚者降，受爵弁服门内霤，将命，子拜稽颡如初。受皮弁服于中庭，自西阶受朝服，自堂受玄端，将命，子拜稽颡，皆如初。襚者降，出，反位。宰夫五人举以东，降自西阶。其举亦西面。

上介赗，执圭将命，曰：『寡君使某赗。』相者入告，反命曰：『孤某须矣。』陈乘黄、大路于中庭，北辀，执圭将命。客使⑤自下由路西。子拜稽颡，坐委于殡东南隅。宰举以东。凡将命，乡殡将命。子拜稽颡。西面而坐委之。宰举璧与圭，宰夫举襚，升自西阶，西面坐取之，降自西阶。

赗者出，反位于门外。上客临，曰：『寡君有宗庙之事，不得承事，使一介老某相执绋⑥。』相者反命，曰：『孤某须矣。』临者入门右，介者皆从之，立于其左，东上。宗人纳宾，升，受命于君，降曰：『孤敢辞吾子之辱，请吾子之复位。』客对曰：『寡君命，某毋敢视宾客，敢辞。』宗人反命曰：『孤敢固辞吾子之辱，请吾子之复位。』客对曰：『寡君命，某毋敢视宾客，敢固辞。』宗人反命曰：『孤敢固辞吾子之辱，请吾子之复位。』客对曰：『寡君命，使臣某毋敢视宾客，是以敢固辞。固辞不获命，敢不敬从。』客立于门西，介立于其左，东上。孤降自阼阶，拜之，升，哭，与客拾踊三。客出，送于门外，拜稽颡。

其国有君丧，不敢受吊。

外宗房中南面，小臣铺席，商祝铺绞、紟、衾，士盥于盘北，举迁尸于敛上。卒敛，宰告，子冯之踊，夫人东面坐冯之，兴踊。

士丧有与天子同者三：其终夜燎，及乘人，专道而行。

【注释】

①先路：即正辂，指诸侯乘坐的车。

②重：从始死到虞祭死者尚无神主，重即神主的暂时代用品。

③居间：哭踊的顺序是男子先踊，踊毕妇人接踊，然后是来宾踊。妇人在男子与来宾之间。

④卷衣：即衮服。

⑤客使：上介所使唤的人，就是陈设车马的人。这句话是说，客使牵着马站在辂车西面。

⑥相执绋（fú）：字面意思是帮助拉柩车。实际意思是帮助料理丧事。

【译文】

长子丧，父为之执杖，则长子之子就不需执杖即孝子之位。夫为妻服丧，如自己的父亲还健在，则不拿孝杖，对宾客也不用稽颡之拜。如自己之父已殁而母还健在，则执杖而对宾客行礼不能额头触地。只在遇到宾有馈赠时，拜宾行礼才用额头触地。本是诸侯之臣，后来离开诸侯到大夫那里为臣，如果诸侯去世，不再反过来为他服丧；本是大夫家的臣，后来离开大夫家到诸侯那里为臣，如果大夫去世，也不再反过来为他服丧。

丧冠是用一条麻绳，缠绕来连接武与缨，以区别于吉冠。三年过后所戴的练冠，也是武与缨连为一体的，褶皱由左向右侧缝。服小功丧以下的亲属，所戴丧冠冠梁上的褶皱向左向右侧缝。服缌麻丧的冠缨是经过漂洗过的麻布做的。服大功丧以上的亲属，扎好腰绖后多余的部分散垂着。朝服用十五升细布做成，抽去一半经线就是缌麻丧服所用布，再加灰尘捶洗就是锡衰所用布。

诸侯之间相互馈赠殓葬用的衣物车马，用侍从乘用的车或自制冕服，天子所赐的车或冕服不能相送，送葬时运送丧礼的遣车，其辆数要看包奠个数确定。遣车的车盖用布制，要四面遮盖，祭奠的牲肉与遣车一起入葬，放在外椁的四角。有人在遣车上还装有黍、稷、麦等食粮，有子说：『这是不符合礼制的。因为丧礼只用牲体及干肉和肉酱而已。』卒哭祭之后才可自称『孝子』或『孝孙』，在卒哭祭之前，都应自称『哀子』或『哀孙』。

孝子所穿的衰衣，所乘的丧车都不分贵贱。白布冠、缁布冠，冠缨下都不加缨饰。有冠圈的玄冠、缟冠才有下垂的缨饰。大夫参加国君举行的祭祀要穿戴冕服，而参加自家举行的家祭可以穿戴爵弁服。士参加国君举行的祭祀要穿戴爵弁服，而参加自家举行的家祭可以穿戴玄冠服。士结婚时迎娶新娘可能穿戴爵弁服，由此看来，士参加自己的家祭也可以穿戴爵弁服。

制作祭祀用酒的郁金香草，捣碎它的臼用柏木制作，杵用梧桐木制作。木匙，用桑木制作，长三尺，或者五尺；木叉，也用桑木制作，长三尺，要切割柄与尖端。用彩色装饰的綷带，诸侯大夫用五色，士用二色。陪葬的醴用稻米酿成。陶制的瓮，竹制的筲，要用木制的架放置，填置于椁内与棺饰之间，然后将折拿进墓穴放在棺椁之上。作为暂时代替神主的『重』，虞祭后埋葬。

凡妇女之丧，依其丈夫爵位高低来办。小殓裹尸，大殓入棺，如期启殡，都要在堂下之位拜完宾客。早晚哭奠要掀起帷幕；如已安葬，则哭奠不用帷幕。灵柩已经装载车上，这时国君来吊，则丧主要退居宾位，向东拜谢，再在门右向北哭踊，然后出门等候国君到来，拜送国君后，再回到祭奠。

子羔小殓时穿的袭衣有五套，一套是絮有丝绵的长袍，外面罩上一件镶有绛红色下缘的黑衣；一套是素端，布衣素裳；一套是皮弁服，素衣素裳；一套是爵弁服，缁衣纁裳；一套是玄冕服，玄衣纁裳。曾子说：『镶有绛红色下缘的黑衣是妇人的袭衣，子羔不应该穿用。』

奉君命出使外国而死在馆舍，如死在公馆则行招魂之礼，如死在私馆则不行招魂之礼。公馆，指公家的馆舍或国君指定的居处。私馆，就是卿大夫之下的私宅。从刚死到殡殓，诸侯丧共哭踊七次，大夫丧共哭踊五次，士丧哭踊三次。每次哭踊全是妇女在男子与宾客之间。

国君的袭衣数目是：绣有龙纹的衮服一套，缁衣黄裳玄端服一套，缁衣素裳朝服一套，素衣素裳的皮弁服一套，纁裳一套，缁衣纁裳爵弁服二套，玄冕服一套，褒衣一套（共九套），大带叠加在朱绿带上面。

小殓时主人头戴环绖，诸侯、大夫、士都一样。国君来察看大殓，国君升堂后，商祝才铺殓席，开始行大殓。鲁国赠送死者的随葬物，有三块黑色的帛和二块绛色的帛，每块宽只有一尺，二尺四寸长，这不符合礼的规定。

诸侯去世，他国派遣吊丧的使者，来到大门外，站立于大门西边，面向东。副使站在使者东南，面向北，其余人以西为上位依次站立在大门西边（不能正对大门）。门内，嗣子站在东阶之下，面向西。传命之人受嗣君之命出来对来吊者说：『嗣子某命某来请问有何事。』客使说：『敝国之君派我前来对不幸去世之君表示悼念之意。』相者进去汇报，出来说：『嗣子某正等待着各位。』于是吊者进门，嗣子由东阶登堂，面向西。客人从西阶登堂，面向东。（登堂就位后）客人致辞说：『敝国之君听闻贵君之丧，特派某某前来表示悼念与敬意。』嗣子因此磕头拜谢。（礼毕）吊者走下西阶，回到原来的位置。

赠送含礼的使者手捧璧玉带着君命在大门外汇报说：『敝国国君派我前来馈赠含礼。』相者进去汇报，出来说：『嗣子某恭候。』使者进门，从西阶登堂，并表明来意。嗣子则磕头致谢。使者跪着将璧玉等礼品放置殡柩东南方的苇席上。如果其时已经安葬，则放在蒲席上。使者从西阶下去，出大门，返回原来的位置。上卿穿着朝服，穿上绳屦，从西阶登堂，面向西跪着取璧，再从西阶下去，朝东走将玉璧收藏起来。

致襚的人向相者说：『敝国君主派我某来送衣服。』相者入门告知嗣子，然后出门向襚者说：『嗣子某已在里边恭候。』襚者拿起冕服，左手持衣领，右手持衣腰，入门，从西阶走上堂告知君命：『敝国君主派我来赠送衣服。』主人拜谢磕头至地。襚者把冕服放在殡东，然后下堂，走到门内屋檐正中处接过爵弁服，走上堂致辞。嗣子拜谢磕头至地和前次一样。襚者把爵弁服放在殡东，又到中庭接过皮弁，再到西阶上接过朝服都一一致告君命，嗣子跪拜磕头也和最初一样。最后就在堂上接过玄端，致辞委衣。襚者从西阶下堂，出门，返回原位。丧家的宰夫五人，身穿朝服，换上绳屦，从西阶上堂，取衣下堂向东走。下堂要从西阶，取衣时面也向西。

首席副使带着车马到大门外，停车于西边，自己手执玉圭汇报说：『敝国之君派我前来馈赠车马。』相者进去汇报，出来传命道：『嗣子某已在恭候。』于是副使车马入门，把车马陈设在院子里，车在东边，车辕朝北，四匹黄马在车之西，头朝北。然后首席副使捧着玉圭从车的西边循西阶登堂，陈说国君之命。嗣子磕头拜谢。副使跪着把玉圭放置在殡柩东南，（然后从西阶下，出门，回到门西原位）。宰夫上堂，举圭，从西阶下，朝东去。凡使者述说国君之命，都是面朝殡柩表述来意。嗣子磕头拜谢时使者仍面朝西向殡，跪着放置礼品。小宰举璧与圭，宰夫举襚，也都是从西阶登堂，跪着取，再从西阶下堂。

赗者出门回到门西之位后，吊丧正使行哀哭之礼，在门外汇报说：『敝国国君以守护宗庙社稷之事不能脱身前来协助，特派一介老臣某前来帮助丧事。』相者进去汇报又回来说：『嗣子某某在此恭候。』正使进入大门东边，副使一同进入，站在正使左边，以东为尊依次排列，（表明愿意统属于主人而效力。）丧主的族人接待客人后登堂请示丧主人。然后宗子下堂对宾客说：『嗣子某请求您不要受辱屈尊处于臣位，请求您恢复尊位回到原来的位置。』正使回答说：『敝国国君命令我，不得自视为宾客，您的命令就辞谢了。』宗人禀报后再次返回说：『嗣子某再次请求您不要受辱屈尊处于臣位，请求您恢复尊位回到原来的位置。』正使也再次回答说『敝国国君命令我，不得自视为宾客，您的命令坚决辞谢了。』宗人又一次禀报后返回说：『嗣子某再次坚决请求您不要受辱屈尊处于臣位，请求您恢复尊位回到原来的位置。』正使回答说：『敝国国君命令我，不得自视为宾客，您的命令坚决辞谢了。如此坚决辞谢都不肯允准，只好恭敬从命。』于是，正使站在门内西侧，随从人员站在他的左边，以东边为上位。嗣子从阼阶下堂，向宾客拜谢，后再升堂，客人从西阶升堂，行哭礼，嗣子与客人轮流哀哭，跳脚三次。宾客出门，嗣子送于门外，跪拜磕头。本国国君死了，臣子恰巧也有亲人去世，臣子要以国君之丧为重，不敢接受别国来宾的吊唁。

外宗的女性亲属站在西房中，面朝南，小臣在阼阶上铺好殓席，商祝依次铺好包束尸体殓衣的布带、单被、被子，丧祝开始在盘子上洗手，抬起尸体放到铺好的衣被上，包裹扎束。大殓结束，太宰向嗣子报告，嗣子抚着尸体痛哭并跳脚，夫人面朝东而坐，也抚着尸体痛哭，起身跳脚。

士人之丧而与天子一样的有三项：是灵柩迁到神庙的当夜要整夜灯火通明，二是柩车由人牵引，三是车与众人都要专道而行行人要避让。

杂记（下）

有父之丧，如未没丧而母死，其除父之丧也，服其除服，卒事，反丧服。虽诸父、昆弟之丧，如当父母之丧，其除诸父、昆弟之丧也，皆服其除丧之服，卒事，反丧服。如三年之丧，则既颡，其练、祥皆行。王父死，未练、祥而孙又死，犹是祔于王父也。

有殡，闻外丧，哭之他室。入奠，卒奠出，改服即位，如始即位之礼。

大夫、士将与祭于公，既视濯而父母死，则犹是与祭也。次于异宫，既祭，释服出公门外，哭而归。其他如奔丧之礼。如未视濯，则使人告，告者反而后哭。如诸父、昆弟、姑、姊妹之丧，则既宿则与祭。卒事，出公门，释服而后归。其它如奔丧之礼。如同宫，则次于异宫。

曾子问曰：『卿大夫将为尸于公，受宿矣，而有齐衰内丧，则如之何？』孔子曰：『出舍乎公宫以待事①，礼也。』孔子曰：『尸弁、冕而出，卿、大夫、士皆下之。尸必式；必有前驱。』父母之丧，将祭而昆弟死，既殡而祭。如同宫，则虽臣妾，葬而后祭。祭，主人之升降散等②，执事者亦散等。虽虞、附亦然。

自诸侯达诸士，小祥之祭，主人之酢也哜之，众宾、兄弟则皆啐之。大祥，主人啐之，众宾、兄弟皆饮之可也。凡侍祭丧者，告宾祭荐而不食。

子贡问丧。子曰：『敬为上，哀次之，瘠为下③。颜色称其情，戚容称其服。』请问兄弟之丧。子曰：『兄弟之丧，则存乎书策矣。君子不夺人之丧，亦不可夺丧也。』孔子曰：『少连、大连善居丧，三日不怠，三月不解，期悲哀，三年忧。东夷之子也。』

三年之丧，言而不语，对而不问。庐，垩室之中，不与人坐焉。在垩室之中，非时见乎母也不入门。疏衰皆居垩室，不庐。庐，严者也。妻视④叔父母，姑、姊妹视兄弟，长、中、下殇视成人。亲丧外除。兄弟之丧内除。视君之母与妻，比之兄弟，发诸颜色者亦不饮食也。免丧之外，行于道路，见似目瞿，闻名心瞿，吊死而问疾，颜色戚容必有以异于人也。如此而后，可以服三年之丧，其余则直道而行之是也。

祥，主人之除也。于夕为期，朝服。祥因其故服。子游曰：『既祥，虽不当缟者必缟，然后反服。』当袒，大夫至，虽当踊，绝踊而拜之，反，改成踊，乃袭。于士，既事成踊，袭而后拜之，不改成踊。上大夫之虞也少牢。卒哭成事、附皆大牢。下大夫之虞也犆牲。卒哭成事、附，皆少牢。祝称卜葬、虞，子孙曰『哀』，夫曰『乃』，兄弟曰『某』。卜葬其兄弟曰『伯子某』。

古者贵贱皆杖。叔孙武叔朝，见轮人以其杖关毂而锞轮者，于是有爵而后杖也。凿巾以饭，公羊贾为之也。冒者何也？所以揜形也。自袭以至小敛，不设冒则形，是以袭而后设冒也。

或问于曾子曰：『夫既遗而包其余，犹既食而裹其余与？君子既食则裹其余乎？』曾子曰：『吾子不见大飨乎？夫大飨，既飨，卷三牲之俎，归于宾馆。父母而宾客之，所以为哀也。子不见大飨乎？』

非为人丧，问与？赐与？三年之丧，以其丧拜；非三年之丧，以吉拜。三年之丧，如或遗之酒肉，则受之，必三辞。主人衰绖而受之。如君命，则不敢辞，受而荐之。丧者不遗人，人遗之，虽酒肉，受也。从父、昆弟以下，既卒哭，遗人可也。

县子曰：『三年之丧如斩。期之丧如剡。』三年之丧，虽功衰⑤，不吊，自诸侯达诸士。如有服而将往哭之，则服其服而往。期之丧，十一月而练，十三月而祥，十五月而禫。练则吊。既葬，大功吊、哭而退，不听事焉。期之丧未葬，吊于乡人，哭而退，不听事焉。功衰吊，待事，不执事。小功、缌、执事，不与于礼。相趋也，出宫而退。相揖也，哀次而退。相问也，既封而退。相见也，反哭而退。朋友，虞、附而退。吊非从主人也。四十者执绋。乡人五十者从反哭，四十者待盈坎。

【注释】

①待事：等候公祭。

②散等：又称栗阶，一脚踩一层台阶而上。

③瘠为下：指哀伤得枯槁憔悴以致病倒而不能守丧，这也是不孝，所以是最不可取的。瘠：指形体因哀伤而枯槁憔悴。

④视：比照。

⑤功衰：指小祥祭后所穿的丧服。

【译文】

父亲去世，正在服丧，如果在服丧期限未满之前母亲又不幸去世，那么在为父亲举办大祥之祭时，还应该除去丧服改穿吉服；祭过以后，再换上为母服丧的丧服。这个原则能够推而广之：即便是正在为伯父、叔父、兄弟服丧，如果又遇到父母之丧，那么，在为伯父、叔父、兄弟举办除服之祭时，也都能够暂时改穿吉服，等到祭过以后，再换上为父母应穿的丧服。如果在三年之中先后遇到两个三年之丧的丧事，那么在后一个丧事的卒哭以后，如果举办前一个丧事的小祥和大祥之祭，也能够先换上小祥和大祥所受的轻服，事过以后再改穿后丧的重服。祖父先死，还没有举办小祥、大祥之祭而孙子又死，孙子的神主还是附在祖父后面进行祔祭。

有父母丧停殡在堂，听说了外地兄弟之丧，就到别的房间去哭，第二天早晨为父母设朝奠，完毕出来，改变丧服到别的房间而哭，礼仪与前一天即位而哭一样。大夫、士将参加国君的祭祀，已经视察过洗涤祭器，如此时父母去世，就仍然要参加祭祀，而住宿在另外的宫室中，等祭祀完毕，脱去祭服出国君的宫门到外边，哭着回家。其他礼仪如同奔丧礼。如果还没有视察洗涤祭器而父母死，就使人向国君报告，等报告的人返回来而后哭。如果是伯父、兄弟、姑姑、姊妹的丧事，要是已经斋戒了就参加祭祀，等祭祀完毕，出国君的宫门，脱去祭服而后回家，其他礼仪如同奔丧礼。如果是同住在一起的伯父、兄弟、姑姑、姊妹死了，那么斋戒后就住在别的宫室中，因为刚参加了国君的祭祀，吉凶不可同处的缘故。

曾子问道：『国君将要在宫中举行祭奠，事前请卿大夫来做祭奠的尸，他已经接纳了邀请并斋戒了，这时突然遇见自己家族中有服齐衰的丧事，那该如何做呢？』孔子说：『那就应当离开家，住到国君的公馆里等候举行祭祀，这是符合礼的。』孔子又说：『做尸的人戴着弁、冕出门，卿大夫遇见他，都要下车致敬，做尸的人在车内也要倚靠着车轼当作答礼。做尸的人出门，一定有人在前面开道。』父母的丧事，到了将要举行小祥或大祥的时候，又遇见兄弟的死丧，那么就要等兄弟的入棺停殡后，再为父母举办小祥祭或大祥祭。如果后死的人与父母居住在一起，尽管后死的人是臣妾，也要等将之埋葬之后再为父母举办小祥祭或大祥祭。遇见上面这种特殊的情况，举办祥祭时，主人上下台阶要用『散等』的走法，帮助祭祀的人也用『散等』步法，即一脚跨一级台地走。如果是为父母举行虞祭和附祭时也是如此。

从诸侯到士，举办小祥祭时，主人举酒献宾客，宾客回敬主人，主人只用嘴唇沾一下。众宾和兄弟接纳主人献酒时，也只能沾一点。到大祥祭时，主人接纳宾客的敬酒时，能够沾一点，而众宾和兄弟对于主人的献酒，就能够整杯地饮用。凡是陪侍丧家举办祭祀的人，要告知宾客用干肉和肉酱为祭品行祭礼，宾客只祭而不食用。

子贡问应当如何为父母居丧。孔子回答说：『恭敬为上，哀情次之，枯槁憔悴最下。神情脸色应与内心之情相应，悲伤的神情应与他的丧服亲疏相称。』子贡又问如何为兄弟居丧。孔子说：『兄弟的丧礼已存在简册上了。』君子不夺取臣民的丧亲之情，臣民的居丧之情也是夺取不了的。孔子曾说：『少连、大连善于居丧：父母刚死，三日哭丧不怠慢；三月之内，哭奠从不懈怠；周年之内，早晚常致哀情；三年之间，一直憔悴哀戚。他们还是东夷之人呢！』

在为父母守丧期间，和别人谈话只说自己的丧事而不谈论他事，只回答问话而不主动提问。居住倚庐或垩室之中，不和别人坐在一块。周年以后，由倚庐搬到垩室居住，如果不是为了按时向母亲请安，不进中门。穿齐衰丧服的人住垩室，不住倚庐。倚庐是哀敬处所，没有那份哀敬就不去住。

守丧之礼，妻之丧依照叔父母的丧事；姑、姊妹之丧依照兄弟的丧事，长、中、下殇之丧依照成人的丧事。为父母守丧，丧期已满，外边的孝服尽管脱掉了，但内心的悲哀还在。为兄弟守丧，外边的孝服脱下了，内心的悲哀也就同时消散了。为国君的母亲和夫人守丧，其礼数依照兄弟的丧事。在守丧期间，凡是影响面部哀容的酒饮饭食，服丧期间也是都不能饮食。除丧之后，孝子走在路上，遇到面容有几分和父母相像的人就眼神为之一惊，听到和父母名字一样的名字就心里猛地一惊；去别人家吊唁或看望病人，脸色之悲，表情之忧必定有异乎常人之处。能如此去做，才算是真正会为父母守丧。会为父母守丧了，那么为其他的人守丧就如同在直路上行走，简单多了。

大祥之祭，是孝子除服之祭。在大祥之祭的前夕，孝子换上缁衣、素衣、缟冠的朝服，公布大祥之祭的日期。到了举办大祥之祭时，就穿上前夕穿的朝服。子游说：『既然举办大祥之祭，这时又有亲人去世，那么尽管还不到戴缟冠穿朝服的时候也得先戴缟冠、穿朝服，等到祥祭终结，再换上该穿的丧服。』小殓、大殓时，孝子正露出左臂哭踊，这时候正好大夫来吊丧，孝子这时虽然正在哭踊，也要马上停下前去拜谢大夫，然后回到原位，再从头开始完成哭踊，然后穿好上衣。如果是士在这时来吊丧，孝子就能够把小殓或大殓进行完毕，完成哭踊之礼，穿好上衣，然后再前去拜谢。拜谢之后，不需要从头哭踊。上大夫去世后的虞祭，用羊、豕二牲。其卒哭和祔庙之祭，都用牛、羊、豕三牲。下大夫去世后的虞祭，用一只豕。其卒哭和祔庙之祭，都用羊、豕二牲。祝在卜葬日和虞祭时的祝词称呼是：儿子自称『哀子某』，孙自称『哀孙某』，丈夫自称『乃某』，兄弟之间自称为『某』。为兄弟卜葬，如果是为老大，祝词就应该是『弟某卜葬其兄伯子某』。

古时候，无论地位高低，走路都可以用手杖。有一次叔孙武叔上朝，看见制作车轮的匠人用手杖穿在轴孔中转动车轮，从这以后就有了得到爵位后才能用手杖的规定。用中间有孔的布巾盖在尸面上再饭含是大夫用的礼，而公羊贾是士人，也这样做了。冒是什么东西呢？就是用来遮掩尸体形状的布袋。从尸体沐浴后穿了衣服到小殓之前，假使不用冒套起来，尸的形体仍然会露出来，所以尸体穿了衣服后就用冒套起来。

有人问曾子说：『遣奠之后又把剩余的供品包裹起来送进墓中，这就好像吃过人家的招待饭之后还要把没吃尽的食品带走吧？这样做像是君子的作风吗？』曾子答道：『您难道没有看到过诸侯的大宴宾客吗？诸侯的大宴宾客，宾客们在吃饱喝足以后，主国国君还要把没有吃尽的美味佳肴送去宾馆，这是热情待宾的表现。返回正题上说，孝子在父母将要下葬时以宾客之礼对待他们，所以感到悲哀。您如果见过诸侯的大宴宾客就不难懂得了。』

不是因为人家有了丧事，所以才馈赠吗？所以才赏赐吗？居父母之丧，拜谢宾客均用丧拜；不是父母之丧，拜宾用吉拜。居父母之丧，如有人馈赠酒肉，能够接受，但必须再三推辞，且一定要披麻戴孝接受。如以君命所赐，则不敢推辞，接受之后供于灵前（表示以君赐为荣）。居父母之丧不馈赠他人，但对别人的赠送则尽管是酒肉也能够接受。但如果是居叔伯兄弟之丧，则在卒哭祭后就能够赠送他人。

县子说：『丧期为三年的亲人死了，孝子心里的悲痛就像刀割。丧期为一年的亲人去世了，孝子心中的悲痛就像刀削。』凡服三年之丧的人，即便是已经过了小祥祭，也不到别人家去吊丧，在这一点上，从诸侯到士全是如此。在此期间，如果遇到五服之内的亲属死了则能够前去哭吊，去哭吊时，穿上与死者关系相应的丧服。为丧期为一年的亲人服丧，在第十一个月举办练祭，第十三个月举办大祥之祭，第十五个月举办禫祭。对于服一年之丧的人来说，练祭以后能够出外吊丧。入葬之后，穿大功丧服的亲属能够出外吊丧，但哭吊之后就立刻回来，不要管主家其他的事如何办。为无丧主的姑姑或姊妹服齐衰周年，在自己的亲人没有入葬以前，到同乡人家去吊丧，也是哭吊之后就立刻回来，不要管主家其他的事怎么办。如果是在练祭以后前去吊丧，能够等到袭、殓等事完成后再走，但不能插手帮忙。服小功、缌麻的人出外吊丧，能够插手帮忙，但不能参与行礼之事。与丧主人互相听说过名字的人前来吊唁，等到柩棺出了庙门就可以退出。与丧主人曾在某处互行揖礼见过面的人前来吊唁，等到棺柩出庙门就可退去。与丧主人曾相互馈送过礼物的人前来吊唁，等到棺柩葬下入墓穴而后退去。与丧主人互相拿着见面礼登门拜见过的人前来吊唁，就等到葬后返哭的时候退去。主人朋友来吊唁，等到进行过虞祭之后退去。前来吊唁并非为了跟随着丧主人，年龄在四十以下的人要帮助拉柩车。同乡的人，来吊唁的，年龄在五十以上的，等到棺柩葬后要随丧主人返哭，四十以下的要等到将墓穴填满土再回去。

丧食虽恶，必充饥。饥而废事，非礼也；饱而忘哀，亦非礼也。视不明，听不聪，行不正，不知哀，君子病①之。故有疾饮酒食肉，五十不致毁，六十不毁，七十饮酒食肉，皆为疑死。有服，人召之食，不往。大功以下，既葬适人，人食之，其党也食之，非其党弗食也。功衰，食菜果，饮水浆，无盐、酪。不能食食，盐、酪可也。孔子曰：『身有疡则浴，首有创则沐，病则饮酒食肉。毁瘠为病，君子弗为也。毁而死，君子谓之无子。』

非从柩与反哭，无免于堩。凡丧，小功以上，非虞、附、练、祥无沐浴。疏衰之丧，既葬，人请见之则见，不请见人。小功，请见人可也。大功不以执挚。唯父母之丧，不辟涕泣而见人。三年之丧，祥而从政。期之丧，卒哭而从政。九月之丧，既葬而从政。小功、缌之丧，既殡而从政[2]。

曾申问于曾子曰：『哭父母有常声乎？』曰：『中路婴儿失其母焉，何常声之有？』

卒哭而讳。王父母、兄弟、世父、叔父、姑、姊妹，子与父同讳。母之讳，宫中讳。妻之讳，不举诸其侧。与从祖昆弟同名，则讳。

以丧冠者，虽三年之丧可也。既冠于次，入哭踊三者三，乃出。大功之末，可以冠子，可以嫁子。父小功之末，可以冠子，可以嫁子，可以取妇。已虽[3]小功，既卒哭，可以冠、取妻下殇之小功，则不可。

凡弁绖，其衰侈袂。父有服，宫中子不与于乐。母有服，声闻焉、不举乐。妻有服，不举乐于其侧。大功将至，辟琴瑟。小功至，不绝乐。

姑、姊妹，其夫死，而夫党无兄弟，使夫之族人主丧。妻之党，虽亲弗主。夫若无族矣，则前后家、东西家；无有，则里尹主之。或曰：『主之，而附于夫之党。』

麻者不绅[4]，执玉不麻，麻不加于采。国禁哭则止，朝夕之奠，即位，自因也。童子哭不偯，不踊不杖，不菲[5]不庐。孔子曰：『伯母、叔母疏衰，踊不绝地。姑、姊妹之大功，踊绝于地。如知此者，由文矣哉！由文矣哉！』世柳之母死，相者由左；世柳死，其徒由右相。由右相，世柳之徒为之也。

【注释】

①病：犹，忧虑。

②从政：服徭役。

③虽：通「唯」。

④绅：大带。

⑤菲：草编的丧鞋。

【译文】

居丧吃的饭虽不好，是必要充饥。如果是因为饥饿影响了丧事，是不符合礼的；吃饱了却忘掉了悲哀，也是失礼的。守丧时眼睛模糊，听力衰退，行走不稳，甚至麻木而不知哀伤，这是君子所担忧的。因此规定服丧期间生病者可以饮酒吃肉。五十岁的人不要因哀伤而憔悴，六十岁的人可以不必哀伤，七十岁的人可以饮酒吃肉，都是怕因哀痛过分而丧命。有丧服在身，别人请吃饭不去。服大功以下之丧的人，到死者入葬后，可走访亲友，人家请他吃饭，如是自己的亲属就接受，不是自己亲属的就不接受。为父母守丧的人到了练祭之后可以吃菜肴果物，喝水浆。但不能食用盐和醋。如果没有盐醋就吃不下饭，也可以少量用盐和醋。孔子说：『守丧的人身上有疮就要洗澡，头上有疮就要洗头，有病就饮酒吃肉。过分哀伤憔悴而病倒，有德行的人是不这样做的。如果憔悴而死，有德性的人认为是没有尽孝道。』

不是送葬或回来，在路上就不能结绕。凡居丧，小功以上之亲，不到虞祭、祔祭、练祭、祥祭，不洗头洗澡。居齐衰之丧，安葬之后，有人要求相见即可相见，但自己不请求别人相见。小功之丧，安葬之后也可请求别人相见。大功之丧，在居丧期间，自己不可带着礼物去见别人。只有居父母之丧，才能不掩饰哀痛、哭泣流着泪见人。居父母之丧，大祥以后，可以去服徭役了。居齐衰之丧，卒哭祭后，能够去服徭役了。

居大功之丧，安葬之后，就能去服徭役了。居小功和缌麻之丧，殡殓之后即可去服徭役了。

曾申问曾子说：『父母去世，哭父母有规定的哭法吗？』曾子说：『如同半路上婴儿找不到母亲而啼哭，哪里有什么规定的哭法？』

卒哭以后，就不可再称呼死者之名。已故的祖父母、兄弟、伯父、叔父、姑姑、姊妹之名，父亲要避讳的，做儿子的也跟着避讳。母亲娘家已故亲属的名字，在自己家中要避讳。妻子娘家已故亲属的名字，不可在妻子身边提起。如果母亲、妻子娘家已故的亲属与自己的从祖兄弟有同名者，那就要不论什么场合都避讳。

遇到丧事仍可举办冠礼，这一条对于遇到三年之丧的人也能用。在倚庐中加冠后，进去灵堂，每哭一次跳起跺脚三次，一共哭三次跳起九次，然后走出灵堂。父服小功之丧，过了卒哭祭，就可以为儿子行冠礼，可以嫁女，能够为儿子行冠礼，能够出嫁女儿。父亲在将要除去大功丧服时，过了卒哭祭，能够为儿子行冠礼，能够出嫁女儿，能够为儿子娶媳妇。对于自己而言，只有在小功亲属的卒哭祭后，才能够行冠礼、娶媳妇。但如果是下殇的小功亲属，卒哭之后仍不能这样做。

凡是吊丧的人都戴有麻绖的弁帽，穿的丧服袖口特大。父亲有丧服，在家中子女就不能奏乐。母亲有丧服，在她能听到的范围内不弹奏音乐。妻有丧服，就不能在她身旁弹奏音乐。有大功丧服的人即将来访，要把乐器收起来。有小功丧服的来访时，可以不停止奏乐。

姑姑、姊妹无子，而丈夫已死，她的丈夫又无兄弟，她们死后就要请大家的族人主持丧事，而妻子的娘家人虽然是骨肉至亲也不主丧。如果夫家连族人也没有，就要请前后左右的邻居主丧。如果没有邻居，就请地方官主丧。也有人说，妻子的娘家人可以主丧，但神主仍要附在夫家的庙里。

如果已戴首绖，束腰绖，就不能再用大带；执玉行礼的人不能戴首绖束腰绖，如果已穿玄衣纁裳，就不能再戴首绖，束腰绖。国家有大祭祀禁止哭泣，遭丧的人家要停止哭泣，早晚设奠时，只是站在原来的位置上。儿童在丧期中，哭声不必拉长，也不跺脚，不拿丧杖，不穿绳屦，不住倚庐。孔子说：『为伯母、叔母服齐衰丧服，哭踊时足尖不离地。但为姑姑、姊妹服大功丧服，哭踊时脚要离地跺足。如果能够知道这些区别的人，就是懂得了礼仪的内涵啊！』世柳的母亲死时，协助行礼的人站在左边引导行礼。世柳死时，他的门徒却都站在右边协助行礼。站在右边协助行礼，这种错误的做法是世柳的门徒做出来的。

天子饭九贝，诸侯七，大夫五，士三。士三月而葬，是月也卒哭。大夫三月而葬，五月而卒哭。诸侯五月而葬，七月而卒哭。士三虞，大夫五，诸侯七。诸侯使人吊，其次含、襚、赗、临，皆同日而毕事者也。其次如此也。卿大夫疾，君问之无算；士壹问之。君于卿大夫，比葬不食肉，比卒哭不举乐；为士，比殡不举乐。升正柩，诸侯执绋五百人，四绋皆衔枚①，司马执铎，左八人，右八人，匠人执羽葆御柩。大夫之丧，其升正柩也，执引者三百人，执铎者左、右各四人，御柩以茅。

孔子曰：『管仲镂簋而朱纮，旅树而反坫，山节而藻棁。贤大夫也，而难为上也。晏平仲祀其先人，豚肩不揜豆。贤大夫也，而难为下也。君子上不僭上，下不偪下。』

妇人非三年之丧，不逾封而吊；如三年之丧，则君夫人归。夫人，其归也以诸侯之吊礼，其待之也若待诸侯然。夫人至，入自闱门，升自侧阶，君在阼。其他如奔丧礼然。嫂不抚叔，叔不抚嫂。

君子有三患：未之闻，患弗得闻也。既闻之，患弗得学也。既学之，患弗能行也。君子有五耻：居其位，无其言，君子耻之。有其言，无其行，君子耻之。既得之而又失之，君子耻之。地有余而民不足，君子耻之。众寡均而倍焉，君子耻之。

孔子曰：『凶年则乘驽马。杞以下牲。』恤由之丧，哀公使孺悲之孔子学士丧礼。《士丧礼》于是乎书。

子贡观于蜡，孔子曰：『赐也，乐乎？』对曰：『一国之人皆若狂，赐未知其乐也。』子曰：『百日之蜡，一日之泽，非尔所知也。张而不弛，文武弗能也。弛而不张，文武弗为也。一张一弛，文武之道也。』

孟献子曰：『正月日至，可以有事于上帝；七月日至，可以有事于祖。』七月而禘，献子为之也。夫人之不命于天子，自鲁昭公始也。外宗②为君、夫人，犹内宗也。

厩焚，孔子拜乡人为火来者。拜之，士壹，大夫再。亦相吊之道也。孔子曰：『管仲遇盗，取二人焉，上以为公臣，曰：「其所与游，辟也。可人也！」管仲死，桓公使为之服。宦于大夫者之为之服也，自管仲始也，有君命焉尔也。』

过而举君之讳，则起。与君之讳同则称字。内乱不与焉，外患弗辟也。《赞大行》曰：『圭，公九寸，侯、伯七寸，子、男五寸。博三寸，厚半寸，剡上，左右各寸半，玉也。藻，三采六等。』哀公问子羔曰：『子之食奚当？』对曰：『文公之下执事③也。』

成庙则衅之，其礼：祝、宗人、宰夫、雍人皆爵弁、纯衣。雍人拭羊，宗人视之。宰夫北面于碑南，东上。雍人举羊升屋，自中，中屋南面刲羊，血流于前，乃降。门、夹室皆用鸡，先门而后夹室，其衈皆于屋下。割鸡：门当门，夹室中室。有司皆乡室而立，门则有司当门，北面。既事，宗人告事毕，乃皆退，反命于君曰：『衅某庙事毕。』反命于寝，君南乡于门内，朝服。既反命，乃退。路寝成，则考之而不衅。衅屋者，交神明之道也。凡宗庙之器，其名者成，则衅之以豭豚。

诸侯出夫人，夫人比至于其国，以夫人之礼行。至，以夫人入。使者将命曰：『寡君不敏，不能从而事社稷、宗庙，使使臣某敢告于执事。』主人对曰：『寡君固前辞「不教」④矣，寡君敢不敬须以俟命。』有司官陈器皿，主人有司亦官受之。

妻出，夫使人致之，曰：『某不敏，不能从而共粢盛⑤，使某也敢告于侍者。』主人对曰：『某之子不肖，不敢辟诛，敢不敬须以俟命。』使者退，主人拜送之。如舅在则称舅，舅没则称兄，无兄则称夫。主人之辞曰：『某之子不肖。』如姑、姊妹，亦皆称之。

【注释】

①枚：衔在口中用以防止喧哗的器具，形如筷子。

②外宗：指国君的姑姑、姊妹之女，舅之女等。

③下执事：谓士也。

④前辞不教：以前纳彩时曾以她没有受过多少教育而拒绝过这桩婚事。

⑤供粢盛：供祭祀用的黍稷。共，通『供』。

【译文】

天子去世后，饭含用九贝，诸侯用七个，大夫用五个，士用三个。士去世后第三个月下葬，葬之当月就举办卒哭之祭。大夫去世后第三个月下葬，第五个月举办卒哭之祭。诸侯去世后第五个月下葬，第七个月举办卒哭之祭。葬后的虞祭，士举办三次，大夫举行五次，诸侯举行七次。诸侯派遣使者到他国吊丧、赠送用以含饭的玉璧、赠送供死者入殓的丧服、赠送助丧用的马车、使者亲自临哭，这些礼仪都是在同一天内完成的，其先后次序就是这样。卿大夫生病，国君要探望没有规定次数；士生病，国君只探望一次。国君对于卿大夫的去世，到了下葬当天不吃肉，到了卒哭当天不听音乐；对于士的去世，在入殡当天不欣赏音乐。诸侯的丧事，将葬要朝于祖庙，把灵柩抬到堂上摆正，放置在两楹柱中间，诸侯出葬，柩车上系四条大绳，由五百人来拉绳，拉绳的人都衔枚，司马手拿铃铎，灵车左右各八人，摇动铃铎以号令于众。匠人一名，手拿羽葆走在灵车前面，以羽葆当作指挥灵车前进的信号。大夫出葬，在朝祖之后出葬时，柩车上系两条大绳，由三百人来牵引，在灵车左、右各有四个手拿铃铎的人，匠人手执白茅草指挥调度，牵拉柩车。

孔子说：『管仲身为卿大夫，用镂花的簋，朱红的帽带，对着门道立屏，设放酒杯的土台，住宿斗拱上画有山形图案，梁上短柱画有水藻花纹，他的享用和国君一样，虽然是有才有德的大夫，但做他的国君太难了。晏平仲祭祀他的祖先，用的猪蹄髈小到连豆也装不满。对祖先如此节俭，虽然是有才有德的大夫，但做他的下属太不容易了。君子是既不僭越上司，也不刻薄地对待下属。』

如果不是父母的丧事，妇人不到他国去吊丧。如果是父母的丧事，那么即使是国君夫人也得奔丧回去。不过国君夫人要按照诸侯的吊礼规格回去，她的祖国也要像对待诸侯那样对待她。夫人回到娘家，从侧门进去，登旁阶上堂，国君在阶的位置上等候，并不下阶相迎。其他丧事礼仪和奔丧的礼节一样。丈夫的弟弟死了，做嫂子的不抚按他的尸体哭泣；嫂子死了，做小叔子的也不抚按她的尸体哭泣。

君子有三种担忧：没有听说过的知识，担忧不能够听说。已经听说到的知识，担忧不能够学会。已经学会的东西，担忧不能够实行。君子还有五种自感羞辱的事：身居其位，而不谋其政，君子引以为耻；谋其政而不能贯彻实行，君子引以为耻；已经贯彻实行了而又半途而废，君子引以为耻；地广而人稀，民众穷困不足，君子引以为耻；与别国人口一样多而人家的财富比自己多一倍，君子引以为耻。

孔子说：『灾荒年就乘下驽马，祭祀降低一等用牲。』恤由去办丧事，鲁哀公派孺悲到孔子那里学习有关士的丧礼，《士丧礼》得以记载下来。一次，子贡观看年末的蜡祭活动，孔子问他：『赐，你感觉快乐吗？』子贡回答说：『整个国家的人发疯似的，我不明白他们乐在何处。』孔子说：『整年辛劳，今日欢乐，其中的道理你还没明白。一味紧张而不放松，尽管文王、武王也办不到。只是放松而毫不紧张，文王、武王也不会这么做。只有在紧张中有松弛，松弛之后有紧张，这才是文武之道。』

孟献子说：『正月冬至，可以郊祭上帝；七月夏至，可以禘祭祖先。』七月而举行禘祭，是孟献子提出来的。诸侯的夫人没受过天子的赐命，是从鲁昭公开始的。国君的姑姑、姊妹之女以及舅之女等为国君夫人服丧，其礼制规格和国君同姓之女是一样的。

孔子的马棚失火，乡人纷纷前来探问，孔子表达拜谢时，对士拜谢一次，对大夫拜谢两次，用的也是拜谢吊客的礼节。孔子说：『管仲碰到一伙窃贼，从中挑选二人，推荐给齐桓公为臣，说：「这两个人是由于结交匪类，因此犯法。实际他们都是能够造就的人才。」管仲死后，齐桓公命令这两个人为管仲服丧。由于大夫的推荐而为国君举用的人在大夫死时为其服丧，是从管仲开始的。』这是因为有国君命令的原因。

偶尔误说了国君的名讳就要站起表示改过。与国君的名讳相同的就称他的字。对内乱如果不能制止，但不应参与；对外来的侵略不能躲避，应拼死抵抗。《赞大行》说：『圭，公的长九寸，侯、伯的长七寸，子、男的长五寸。圭宽三寸，厚半寸，上端左右两边各削一寸半，是玉制的。补圭的衬垫藻，用朱、白、苍三种颜色而画六圈。』鲁哀公问子羔说：『你的祖先开始做官食俸禄是何时？』子羔回答说：『我祖先从卫文公时开始当差的。』

新庙成，则举办衅祭。其礼：祝、宗人、宰夫、雍人都戴爵弁，穿玄衣纁裳。雍人擦拭干净羊，使之干净；宰夫面向北，站在石碑南面，居于祝宗人、雍人以东首为上位。行祭，雍人举羊爬到屋顶正中，面朝南杀羊。羊血从前屋檐流下，则从屋上落下。新庙的门、夹室的衅祭用鸡。衅前要衈祭，即拔取鸡耳旁之毛以祭，先衈庙门，后衈夹室，取血都在屋下。衅门，就对着门杀鸡；衅夹室，则在夹室之中面向南杀鸡。凡参与衅祭的人，都面朝夹室站立；衅门则众人当门而立，面向北。衅祭完毕，宗人汇报礼成，众人退下。宗人又回路寝，向君汇报：『某庙的衅祭已完毕』。宰夫向国君报告是在路寝，国君面朝南站在路寝门内，身穿朝服以听取报告的。宰夫报告后才退去。路寝建成，就设盛宴以庆祝落成，而不用衅祭礼。衅祭庙屋，是接交神明的礼节。凡宗庙中的器物，大器物造成后就杀公猪进行衅祭。

诸侯休弃夫人，派使者将夫人送回本国，途中仍以夫人之礼相待；到达本国，还以夫人的身份入境。使者传达国君的命令说：『敝国国君不才，没有能力跟从夫人一道祭祀宗庙社稷，特派使臣某将此事汇报您的左右。』主国国君通过傧者答复说：『敝国国君原本一开始就说过没有把女儿教导好，现在弄得这个地步，敝国国君怎敢不恭敬从命。』于是跟从使者前来的办事人员就按规矩把夫人的陪嫁器物陈设出来奉还，主国的办事人员也按规矩查收。

假如是大夫、士、庶民休弃其妻，就派人把妻送到娘家，并致辞说：『某不才，不能和她一起祭祀祖宗，特派某来报告您的侍者。』主人回答说：『我的女儿不好，不敢逃避惩罚，怎敢不恭敬从命。』使者退出，主人拜送。使者传话时，如果妻的公公尚健在，就称奉公公之命致辞；如果妻的公公已去世，就称奉丈夫兄长之命致辞；如果没有兄长，就称奉丈夫之命致辞。主人的答词说：『是某的孩子不好。』如果被休出的是主人的姑姑或姊妹，答词的称呼就做相应的改变。

孔子曰：『吾食于少施氏而饱，少施氏食我以礼。吾祭。作而辞[1]曰：「疏食不足祭也。」吾飧，作而辞曰：「疏食也，不敢以伤吾子。」』

纳币一束，束五两，两五寻。妇见舅姑，兄弟、姑、姊妹，皆立于堂下，西面，北上，是见已。见诸父各就其寝。女虽未许嫁，年二十而笄，礼之妇人执其礼。燕则鬈首[2]。

韠长三尺，下广二尺，上广一尺，会去上五寸，纰以爵韦六寸，不至下五寸。纯以素。紃[3]以五采。

【注释】

①作而辞：这是指主人站起来说话。

②鬈首：将头发分左右卷成小牛角形状，这是未许嫁女子的发式。

③紃：嵌在四周绲边缝巾的彩带。

【译文】

孔子说：『我在少施氏家作客能吃得很饱，因为少施氏能依礼招待我。我祭食时，他便起身辞谢说：「粗疏的食物不足以祭。」吃完后，我赞美主人的饭菜可口时，他又起身辞谢说：「这样粗疏的食物，真不敢拿出来损您的胃口。」』

订婚纳征礼赠币帛一束，一束十束，合为五两，每两五寻，长四丈。新媳妇见公公婆婆时，公婆坐在堂上，丈夫的兄弟、姊妹都站在堂下，面向西，以北端为上位。这样相见完毕，再到夫之叔伯的住处分别拜见。女子即使未许嫁，到了二十岁时也要行笄礼，行笄礼时由妇人主持。行过笄礼后，平时还是梳两个发髻的发型。

朝服的护膝长三尺，下边宽二尺，上边宽一尺，『会』是蔽膝的领缝，距上端五寸，『纰』是蔽膝两边用赤而微黑的皮子做的镶边，每边六寸，到下端五寸长时就不镶边。『纯』是蔽膝的下边的白绫镶边，蔽膝的所有镶边的接缝处都嵌有五彩的丝带。

祭法

祭法：有虞氏禘黄帝而郊喾，祖颛顼而宗尧。夏后氏亦禘黄帝而郊鲧，祖颛顼而宗禹。殷人禘喾而郊冥，祖契而宗汤。周人禘喾而郊稷，祖文王而宗武王。

燔柴于泰坛，祭天地。瘞埋于泰折①，祭地也。用骍犊。埋少牢于泰昭，祭时也。相近于坎坛，祭寒暑也。王宫，祭日也；夜明，祭月也；幽宗，祭星也；雩宗，祭水旱也；四坎、坛，祭四方也。山林、川谷、丘陵，能出云，为风雨，见怪物，皆曰神。有天下者祭百神。诸侯在其地则祭之，亡其地则不祭。

大凡生于天地之间者皆曰『命』，其万物死皆曰『折』，人死曰『鬼』。此五代之所不变也。七代之所更立者，禘、郊、宗、祖，其余不变也。

天下有王，分地建国，置都立邑，设庙、祧、坛、墠而祭之，乃为亲疏多少之数。是故王立七庙、一坛、一墠：曰考庙，曰王考庙，曰皇考庙，曰显考庙，曰祖考庙，皆月祭之；远庙为祧，有二祧，享尝[2]乃止。去祧为坛，去坛为墠。坛、墠，有祷焉祭之，无祷乃止。去墠曰鬼。诸侯立五庙、一坛、一墠：曰考庙，曰王考庙，曰皇考庙，皆月祭之；显考庙、祖考庙，享尝乃止。去祖为坛，去坛为墠。坛、墠，有祷焉祭之，无祷乃止。去墠为鬼。大夫立三庙、二坛：曰考庙，曰王考庙，曰皇考庙，享尝乃止。显考、祖考无庙，有祷焉为坛祭之。去坛为鬼。适士二庙、一坛：曰考庙，曰王考庙，享尝乃止。显考无庙，有祷焉，为坛祭之。去坛为鬼。官师一庙：曰考庙。王考无庙而祭之。去王考为鬼。庶士、庶人无庙，死曰鬼。

王为群姓立社[3]，曰『大社』；王自为立社，曰『王社』。诸侯为百姓立社，曰『国社』；诸侯自为立社，曰『侯社』。大夫以下、成群立社，曰『置社』。

王为群姓立七祀：曰司命，曰中霤，曰国门，曰国行，曰泰厉，曰户，曰灶；王自为立七祀。诸侯为国立五祀：曰司命，曰中霤，曰国门，曰国行，曰公厉；诸侯自为立五祀。大夫立三祀：曰族厉，曰门、曰行。适士立二祀：曰门，曰行。庶士、庶人，立一祀：或立户，或立灶。

王下祭殇五：适子，适孙，适曾孙，适玄孙，适来孙。诸侯下祭三，大夫下祭二，适士及庶人祭子而止。

夫圣王之制祭祀也，法施于民则祀之，以死勤事则祀之，以劳定国则祀之，能御大菑则祀之，能捍大患则祀之。是故厉山氏之有天下也，其子曰农，能殖百谷。夏之衰也，周弃继之，故祀以为稷。共工氏之霸九州也，其子曰后土，能平九州，故祀以为社。帝喾能序星辰以著众，尧能赏均、刑法以义终，舜勤众事而野死，鲧鄣洪水而殛死，禹能修鲧之功，黄帝正名百物以明民共财，颛顼能修之，契为司徒而民成，冥勤其官而水死，汤以宽治民而除其虐，文王以文治，武王以武功去民之菑，此皆有功烈于民者也。及夫日、月、星辰，民所瞻仰也，山木、川谷、丘陵，民所取财用也，非此族也，不在祀典。

【注释】

①泰折：堆土作为祭祀的地方。

②享尝：四季的祭祀。

③社：祭祀土地神的场所。

【译文】

有虞氏以禘祭祭黄帝，在南郊祭天时配帝喾，以祖祭祭祀颛顼而以宗祭祭祀尧。夏后氏用禘礼祭黄帝，在南郊祭天时以鲧配祭；庙祭把颛顼作为祖，把禹作为宗。殷人以禘祭祭帝喾，在南郊祭天时以冥配祭；庙祭把契作为祖，把汤作为宗。周人以禘礼祭帝喾，在南郊祭天时以后稷配祭，庙祭把文王作为祖，把武王作为宗。

在泰坛上焚烧祭品，使气味通达于天，这是祭天。把祭品埋在泰坛下面，这是祭地，两种祭祀都用赤色小牛。将羊、豕埋在泰昭的坛下，这是祭四时的神。在坎穴、祭坛上进行禳除灾患和祈福的仪式，这是祭寒暑。在王宫坛，祭太阳；在夜明坛，祭月亮；在幽宗坛祭星宿；在雩宗坛祭水旱；在四方各设一坎、一坛祭四方之神。山林、川谷、丘陵能够生成云气，风雨驰骤出现怪异的东西，都叫作神。执掌天下的人祭祀许多的神祇。诸侯只祭自己境内的神，失掉了国土就不祭了。

凡是生存在天地之间的都称为『命』，万物死去都叫作『折』，人死去叫作『鬼』。这些名称，五代从来就没改变过。在七代中，发生变化的是禘、郊、宗、祖祭祀的对象，其余的没有变化。

整个天下只有一个天子，于是分九州之地，建诸侯之国，为公卿设都，为大夫置邑，还普遍设置庙、祧、坛、墠来祭奠祖先，并按照关系的亲远来决定祭祀的次数和规格。因此天子设立七庙、一坛、一墠：即考庙、王考庙、皇考庙、显考庙、祖考庙，以上五庙皆每月祭奠一次；高祖以上的远祖之庙称为祧，天子有两个祧，只是每季祭祀一次。祧庙往上数一代的祖先就设坛祭祀，从设坛所祭的祖先再往上数一代就设墠祭祀。设坛、墠祭祀的祖先，如果有所祈祷才祭祀，没有祈祷就不必祭祀。设墠祭祀的祖先再往上称为『鬼』。诸侯设有五庙、一坛、一墠：一是考庙，二是王考庙，三是皇考庙，这三庙都按月祭祀；另外两庙——显考庙、祖考庙，按四时祭祀即可。祖考庙往上数一代的祖先设坛祭祀，从设坛所祭的祖先再往上数一代就设墠祭祀。设坛、设墠祭祀的祖先，如果有所祈祷才祭祀，没有祈祷就不必祭祀。设墠祭祀的祖先再往上称为『鬼』。大夫设置三庙二坛：即考庙、王考庙、皇考庙，此三庙每季祭祀一次。显考、祖考没有庙，如果有事向他们祈求，就在坛上祭之；显考、祖考的远祖称为鬼。上士设立二庙一坛：即考庙、王考庙，此二庙每季祭祀一次。显考无庙，如果有事祈求，就在坛上祭之。显考以上的远祖称为鬼。中士、下士只立一庙，即考庙。王考无庙，假如要祭，就在考庙祭之。祖父以上的祖先称为鬼。普通的士和庶人没有资格立庙，死后就称为鬼。

天子为群姓立社，叫作『大社』；又为自己之宗姓立社，叫作『王社』。诸侯为本国百姓立社，叫作『国社』；又为自己宗姓立社，叫作『侯社』。大夫以下，百家以上与同居之民共同立社，叫作『置社』。

天子为天下百姓设立了『七祀』，祭祀司命、中霤、国门、国行、泰厉、户、灶之神。天子也为自己设立了上述七祀。诸侯为国人设立五种神祭祀。是司命、中霤、国门、国行、公厉之神。诸侯也为自己设立了这五祀。大夫设立三种祭祀，就是族厉、门、行神。上士设立两种祭祀，就是门、行神。庶士、庶人设立了一种祭祀，是户神或灶神。

天子下祭五代未成年而死的嫡系子孙。即嫡子、嫡孙、嫡曾孙、嫡玄孙、嫡来孙。诸侯下祭三代，大夫下祭二代，上士和庶人只祭嫡子而已。

圣王制定祭祀的原则：凡是被百姓树立为榜样的就祭祀，凡是因公殉职的就祭祀，凡是为安邦定国建有功劳的就祭祀，凡是能为大众防止灾害的就祭祀，凡是能救民于水火的就祭祀。因此当厉山氏统治天下的时候，他有一个儿子叫农，能够指导人民栽种百谷。到了夏代衰亡之时，周人的始祖弃可以继承农的未竟之业，因此被后人奉为稷神来祭祀。当共工氏称霸九州的时候，他有一个儿子叫后土，可以平治九州，因此被人当作社神来祭祀。帝喾能依照星辰的运行定四时，使人民的劳动与歇息各有定时，帝尧能尽量使刑法公平，并最终禅让于舜，帝舜为操劳国事而死于苍梧之野，鲧治理洪水，大功未成，遭到流放而死，禹能修正父亲鲧的办法而治服洪水，黄帝为百物确定了名称并教给人们，与人们共享天下财利，颛顼能修订黄帝之法，契作为司徒在教导人民方面成绩卓著，冥恪尽职守，死于他的工作岗位上，商汤能对待人民仁厚，除暴安良；文王以其文治，武王以其武功，为人民除掉纣这个祸害。上面诸人，都是为人民建功立业的人，因此被人们当作神来祭祀。此外还有日、月、星辰，是人民所瞻仰的，还有山林、川谷、丘陵之神，是人民赖以获得财用的地方。不归属此类情况的，就不会被人们当作神灵来祭祀了。

祭统

凡治人之道，莫急①于礼；礼有五经，莫重于祭。夫祭者，非物自外至者也，自中出，生于心也。心怵而奉之以礼。是故唯贤者能尽祭之义。

贤者之祭也，必受其福，非世所谓福也。福者，备也，备者，百顺之名也。无所不顺者之谓『备』，言内尽于己而外顺于道也。忠臣以事其君，孝子以事其亲，其本一也。上则顺于鬼神，外则顺于君长，内则以孝于亲，如此之谓『备』。唯贤者能备，能备然后能祭。是故贤者之祭也，致其诚信与其忠敬，奉之以物，道②之以礼，安之以乐，参之以时，明荐之而已矣，不求其为。此孝子之心也。

祭者，所以追养继孝也。孝者，畜也。顺于道，不逆于伦，是之谓『畜』。是故孝子之事亲也，有三道焉：生则养，没则丧，丧毕则祭。养则观其顺也，丧则观其哀也，祭则观其敬而时也。尽此三道者，孝子之行也。

既内自尽，又外求助，昏礼是也。故国君取夫人之辞曰：『请君之玉女与寡人共有敝邑，事宗庙、社稷。』此求助之本也。

夫祭也者，必夫妇亲之，所以备外内之官也。官备则具备：水草之菹，陆产之醢，小物备矣。三牲之俎，八簋之实，美物备矣。昆虫之异，草木之实，阴阳之物备矣。凡天之所生，地之所长，苟可荐者，莫不咸在，示尽物也。外则尽物，内则尽志，此祭之心也。

是故天子亲耕于南郊以共齐盛，王后蚕于北郊以共纯服；诸侯耕于东郊亦以共齐盛，夫人蚕于北郊以共冕服。天子、诸侯非莫耕也，王后、夫人非莫蚕也，身致其诚信。诚信之谓尽，尽之谓敬，敬尽然后可以事神明。此祭之道也。

及时将祭，君子乃齐。齐之为言齐也，齐不齐以致齐者也。是以君子非有大事也，非有恭敬也，则不齐。不齐则于物无防也，耆欲无止也。及其将齐也，防其邪物，讫其耆欲，耳不听乐。故《记》曰『齐者不乐。』言不敢散其志也。心不苟虑，必依于道；手足不苟动，必依于礼。是故君子之齐也，专致其精明之德也。故散齐七日以定之，致齐三日以齐之。定之之谓『齐』，齐者，精明之至也，然后可以交于神明也。

是故先期旬有一日，宫宰宿夫人，夫人亦散齐七日，致齐三日。君致齐于外，夫人致齐于内③，然后会于大庙。君纯冕立于阼，夫人副、袆立于东房。君执圭瓒祼尸，大宗执璋瓒亚祼。及迎牲，君执纼，卿大夫从，士执刍，宗妇执盎从，夫人荐涗水。君执鸾刀，羞哜，夫人荐豆。此之谓『夫妇亲之』。

及入舞，君执干戚就舞位。君为东上，冕而总干，率其群臣以乐皇尸。是故天子之祭也，与天下乐之；诸侯之祭也，与竟内乐之。冕而总干，率其群臣以乐皇尸。此与竟内乐之之义也。

夫祭有三重焉：献之属莫重于祼，声莫重于升歌，舞莫重于《武宿夜》。此周道也。凡三道者，所以假于外而以增君子之志也，故与志进退：志轻则亦轻，志重则亦重。轻其志而求外之重也，虽圣人弗能得也。是故君子之祭也，必身自尽也，所以明重也。道之以礼，以奉三重而荐诸皇尸，此圣人之道也。

夫祭有馂④，馂者，祭之末也，不可不知也。是故古之人有言曰：『善终者如始』，馂其是已。是故古之君子曰：『尸亦馂鬼神之余也』，惠术也。可以观政矣。是故尸谡⑤，君与卿四人馂。君起，大夫六人馂，臣馂君之余也。大夫起，士八人馂，贱馂贵之余也。士起，各执其具以出，陈于堂下，百官进，彻之，下馂上之余也。

凡馂之道，每变以众，所以别贵贱之等，而兴施惠之象也。是故以四簋黍，见其修于庙中也。庙中者，竟内之象也。祭者，泽之大者也。是故上有大泽，则惠必及下。顾上先下后耳，非上积重而下有冻馁之民也。是故上有大泽，则民夫人待于下流，知惠之必将至也，由馂见之矣。故曰：『可以观政矣。』

【注释】

①急：首先、居前；要紧。

②道：实行。

③外、内：指国君和夫人各自的正寝。

④馂：这里指祭祀结束后，大家分食鬼神享用过的供品。末：结尾。

⑤谡（sù）：起身。

【译文】

治理百姓的种种方法，没有比礼更关键的了；礼有吉、凶、宾、军、嘉五种，其中最关键的便是祭礼。祭礼，并不是外界有什么东西要求你这么办，而是发自内心深处的积极行动。春夏秋冬，时序推移，人们感物伤时，触景生情，不由得就会想到死去的亲人，这种感情的表露就是祭之以礼。因此只有贤者才能全部理解祭礼的意义。

贤者的祭祀，必定会得到鬼神所赐的福，但这个福，不是世俗所说的福。贤者的福，是『备』的意思。

而备字怎么说呢？是百事顺利的意思。无所不顺，这就称为『备』。其意思是说，对内能尽到自己的责任，对外按照道义行事。忠臣服侍国君，孝子服侍双亲，其忠其孝都出自于一个顺字。对上则顺着鬼神，对外则顺应君长，对内则顺着双亲，这样做了才称为备。只有贤者才能做到备，能做到备然后才能举行祭祀。因此贤者的祭祀，不过是用尽自己的诚信与忠敬，进献祭品，行其典礼，用音乐安抚神灵，照季节选择祭品，洁净地进献而已，并不存心要神庇佑赐福。这才是孝子举办祭祀时的心情。

孝子的祭奠，是用来完成对父母生前应尽而未尽的赡养和孝道。所谓孝，就是畜，就是喂养的意思。顺从道义，不悖逆人伦，这样的养就可以叫『畜』。因此孝子侍奉父母不外乎三件事：头一件是生前好好赡养，第二件是身后依礼服丧，第三件是服丧期满要及时祭祀。在供养这件事上能够看出做儿子的是否孝顺，在服丧这件事上能够看出他是否哀伤，在祭祀这件事上，能够看出他是否守时。这三件事都办得很好，才配称为孝子的行为。

祭祀不但要尽心尽力，还要有求于外，婚礼就是这样。因为国君娶夫人时向女方之父致辞说：『请求君的爱女，与我共同拥有国家，祭祀宗庙和社稷。』这就是求助的根本目的。

祭祀，必须是夫妇亲自举行，以此具备了内外职能。职能具备，祭物就具备了。有用水产的芹、茆等物制作的腌菜，有陆地产的蚳、蝝等物做的酱类，小的祭物就具备了。俎豆内盛着三牲肉，八簋中盛的黍、稷等谷物，美味的物食就具备了。一些可食的昆虫，草木结的果实，四季阴阳和气的物产也具备了。凡是天下生的，地上长的，只要可进献的，无不尽在这里，这就表示穷尽一切物品了。在外能穷尽物品，在内能竭尽虔诚，这就是祭祀所应有的心理。

所以天子亲自在南郊耕种，来供给祭祀用的粮食，王后在北郊养蚕缫丝，来供给祭祀用的礼服。诸侯亲自在东郊耕种，也是用来供给祭祀用的粮食，夫人在北郊养蚕缫丝，来供给祭祀用的祭服。天子诸侯不是因为没有粮食吃而不得不去耕种，王后夫人也不是没有衣穿不得不去养蚕，亲自去做是表达自己诚信。表达了诚信才算尽心尽力，尽心尽力就是恭敬，有恭敬而且尽心尽力然后才可以侍奉神明，这是祭祀的原则。

到了即将举行祭祀的时候，君子就要斋戒。斋戒是齐的意思，就是去除身心不齐的杂念，使之整齐。因此君子如果不是有祭祀大事，在不需要恭敬的场合，就不斋戒。不斋戒就办事没有禁忌，嗜好欲望也没有节制。但到了要斋戒的时候，禁忌之事就不可做，嗜好欲望也要进行限制，耳不听音乐。因此古书上说：『斋戒的人不听演奏音乐。』就是说斋戒的时候不敢分散注意。心无杂念，所思所想必然符合正道；手足不乱动，抬手动脚必然符合规矩。因此君子的斋戒，其目的就在于达到身心的纯洁。为此目的，因此先散斋七天收敛一下心志，然后再致斋三天进行整齐。把心志收敛住了就称为斋戒。斋戒是专心致志地表现出德行的明洁精诚，然后才能够和神明打交道。

因此，在祭祀前十一天，宫宰要郑重地告诫夫人，因此夫人开始斋戒，先散斋七天，接着再致斋三天。国君在国君的正寝致斋，夫人在夫人的正寝致斋，到祭祀那天才会合于太庙。国君身穿礼服头戴礼帽站在阼阶，夫人头戴首饰身穿礼服站在东房。国君手拿圭瓒舀郁鬯酒在尸前行裸礼，大宗伯手拿璋瓒舀郁鬯酒在尸前行再裸礼。到达迎牲入庙时，国君亲自牵着牛，大夫紧随在后，士抱着秸秆。宗妇捧着盎齐酒跟在夫人身后，夫人将过滤过的明水兑入盎齐酒进献给尸。国君亲执鸾刀切取牲肺献给尸品尝，夫人则进献馈食之豆。这就称为『夫妇一道亲自主持祭祀』。

到举行乐舞时，国君拿着斧和盾牌站在舞位上。国君站在东边的上位，戴冕而持盾，带领臣下们跳舞，先王的代表人——尸感到快乐。所以天子祭祀，是和天下人共同欢乐；诸侯祭祀，是和他国内的人民同欢乐。诸侯戴冕持盾，带领臣下们跳舞，使充当先王的尸快乐，这是和境内人民共同欢乐的意思。

在祭祀过程中有三个最重要的节目：在奉献祭品活动中，没有比裸礼更重要的了；在歌唱演奏活动中，没有比登堂歌唱《清庙》更重要的了；在舞蹈活动中，没有比《武宿夜》之舞更重要的了。这是周代的规矩。这三个最重要的节目，都是用来借助于外部的动作以增强君子敬仰神灵的心志，所以敬仰神灵的心志与祭祀典礼是同进同退的：如果敬仰神灵的心志轻，则祭典也就会轻忽，如果敬仰神灵的心志重，则祭典也会庄重。如果敬仰神灵的心志轻忽却希望外部的祭典庄重，那即使是圣人也是做不到的。所以君子举行祭祀，一定要亲自尽心尽力去做，这样就表明了敬仰神灵的心志很重。遵循礼的要求，把三个最重要的节目做好而博得皇尸的欢心，这才是圣人的祭祀之道。

祭祀中还有『馂』的仪式。『馂』是在祭祀的结束，但也不可不了解，因为古人有句话叫作『善终者如始』。『馂』正是这样一个善终。古代的君子说：『尸也是吃的鬼神剩下的祭品』，这便是一种施惠的方法，从中可以观察到国家的政教。所以，当祭祀结束，尸吃完祭品起身离开后，君王和四位卿便去吃尸剩下的祭品。君吃毕后，大夫六人再去『馂』，也就是臣吃君剩下的食品。大夫吃毕起身后，士八人再去『馂』，也就是贱者吃贵者剩下的食品。士吃毕起身，便各自端着食具出来，把剩下的食品陈放在堂下，这时参加祭祀的众执事便上去『馂』，吃完了再撤掉。这就是在下位的人吃上位的人剩下的食品。

馂的方法，是每变一次，馂的人数就增加一次，以此来区别贵贱等级，并作为由上而下施加恩惠的象征。所以从这四个饭器，就可以看出恩惠已经遍施于庙中。而庙中，正可以作为整个国家的象征。举行祭祀，是神灵所布施的恩泽中最为重大的。上面的人获得了神灵所布施的大恩泽，恩惠就一定会施及下面，只是从上而下、先上后下而已。并非上面积聚很多财富，下面却有受冻挨饿的民众。所以上层有大恩泽，民众就会一个个在下面等待，相信恩惠一定会到来。这就是从『馂』的仪式中看出的，所以说：『从中可以观察到国家的政教。』

夫祭之为物大矣，其兴物①备矣。顺以备者也，其教之本与？是故君子之教也，外则教之以尊其君长，内则教之以孝于其亲。是故明君在上，则诸臣服从；崇祀宗庙、社稷，则子孙顺孝。尽其道，端其义，而教生焉。是故君子之事君也，必身行之。所不安于上，则不以使下；所恶于下，则不以事上。非诸人，行诸己，非教之道也。是故君子之教也，必由其本，顺之至也，祭其是与？故曰：『祭者，教之本也已。』

夫祭有十伦焉：见事鬼神之道焉，见君臣之义焉，见父子之伦焉，见贵贱之等焉，见亲疏之杀焉，见爵赏之施焉，见夫妇之别焉，见政事之均焉，见长幼之序焉，见上下之际焉。此之谓十伦。铺筵，设同几②，为依神也。诏祝于室，而出于祊。此交神明之道也。君迎牲而不迎尸，别嫌也。尸在庙门外则疑于臣，在庙中则全于君，君在庙门外则疑于君，入庙门则全于臣，全于子。是故不出者，明君臣之义也。夫祭之道，孙为王父尸。所使为尸者，于祭者子行也。父北面而事之，所以明子事父之道也。此父子之伦也。尸饮五，君洗玉爵献卿；尸饮七，以瑶爵献大夫；尸饮九，以散爵献士及群有司。皆以齿，明尊卑之等也。夫祭有昭穆。昭穆者，所以别父子、远近、长幼、亲疏之序而无乱也。是故有事于大庙，则群昭群穆咸在而不失其伦。此之谓亲疏之杀也。古者明君爵有德而禄有功，必赐爵禄于大庙，示不敢专也。故祭之日，一献，君降立于阼阶之南，南乡，所命北面，史由君右执策命之，再拜稽首，受书以归，而舍奠于其庙。此爵赏之施也。君卷冕立于阼，夫人、副袆立于东房。夫人荐豆执校，执醴授之执镫；尸酢夫人执柄，夫人受尸执足。夫妇相授受，不相袭处，酢必易爵。明夫妇之别也。凡为俎者，以骨为主。骨有贵贱。殷人贵髀，周人贵肩，凡前贵于后。俎者，所以明祭之必有惠也。是故贵者取贵骨，贱者取贱骨，贵者不重，贱者不虚，示均也。惠均则政行，政行则事成，事成则功立。功之所以立者，不可不知也。俎者，所以明惠之必均也。善为政者如此。故曰：『见政事之均焉。』凡赐爵，昭为一，穆为一。昭与昭齿，穆与穆齿。凡群有司皆以齿。此之谓长幼有序。夫祭有畀辉、胞、翟、阍者[3]，惠下之道也，唯有德之君为能行此。明足以见之，仁足以与之。畀之为言与也，能以其余畀其下者也。煇者，甲吏之贱者也；胞者，肉吏之贱者也；翟者，乐吏之贱者也；阍者，守门之贱者也。古者不使刑人守门。此四守者，吏之至贱者也。尸又至尊，以至尊既祭之末而不忘至贱，而以其余畀之，是故明君在上，则竟内之民无冻馁者矣。此之谓上下之际。

凡祭有四时：春祭曰『礿』，夏祭曰『禘』，秋祭曰『尝』，冬祭曰『烝』。礿、禘，阳义也；尝、烝，阴义也。禘者，阳之盛也，尝者，阴之盛也，故曰：『莫重于禘、尝。』古者于禘也，发爵赐服，顺阳义也，于尝也，出田邑，发秋政，顺阴义也。故《记》曰：『尝之日，发公室，示赏也。』草艾则墨[4]，未发秋政，则民弗敢草也。故曰：『禘、尝之义大矣，治国之本也，不可不知也。』明其义者，君也；能其事者，臣也。

不明其义，君人不全；不能其事，为臣不全。夫义者，所以济志也，诸德之发也。是故其德盛者其志厚，其志厚者其义章，其义章者其祭也敬。祭敬则竟内之子孙莫敢不敬矣。是故君子之祭也，必身亲莅之，有故，则使人可也。虽使人也，君不失其义者，君明其义故也。其德薄者其志轻，疑于其义而求祭，使之必敬也弗可得已。祭而不敬，何以为民父母矣！

夫鼎有铭，铭者，自名也，自名以称扬其先祖之美，而明著之后世者也。为祖先者，莫不有美焉，莫不有恶焉，铭之义，称美而不称恶。此孝子孝孙之心也，唯贤者能之。铭者，论撰其先祖之有德善、功烈、勋劳、庆赏、声名，列于天下，而酌之祭器，自成其名焉，以祀其先祖者也。显扬先祖，所以崇孝也。身比焉，顺也。明示后世，教也。夫铭者，壹称而上下皆得焉耳矣。是故君子之观于铭也，既美其所称，又美其所为。为之者，明足以见之，仁足以与之，知足以利之，可谓贤矣。贤而勿伐，可谓恭矣。

故卫孔悝之鼎铭曰：『六月丁亥，公假于大庙。公曰：「叔舅！乃祖庄叔，左右成公，成公乃命庄叔随难于汉阳，即宫于宗周，奔走无射。」启右献公，献公乃命成叔纂乃祖服。乃考文叔，兴旧耆欲，作率庆士，躬恤卫国，其勤公家，夙夜不解。民咸曰「休哉！」公曰：「叔舅！予女铭，若纂乃考服。」悝拜稽首，曰：「对扬以辟之，勤大命，施于烝彝鼎[5]。」』此卫孔悝之鼎铭也。古之君子，论撰其先祖之美，而明著之后世者也，以比其身，以重其国家如此。子孙之守宗庙、社稷者，其先祖无美而称之，是诬也；有善而弗知，不明也；知而弗传，不仁也。此三者，君子之所耻也。

昔者周公旦有勋劳于天下，周公既没，成王、康王追念周公之所以勋劳者，而欲尊鲁，故赐之以重祭。外祭则郊、社是也，内祭则大尝、禘是也。夫大尝、禘，升歌《清庙》，下而管《象》，朱干玉戚以舞《大武》，八佾以舞《大夏》，此天子之乐也。康周公，故以赐鲁也。子孙纂之，至于今不废，所以明周公之德，而又以重其国也。

【注释】

①兴物：进献祭品。

②同几：同一几案。

③辉：掌管制作皮甲事物的官。胞：通『庖』，祭祀时掌宰割牲肉。翟：教文舞者。

④艾（yì）：割。墨：墨刑。五刑中最轻的一种。

⑤彝：古代青铜器的通称。大尝：大祫。

【译文】

祭祀作为礼可以说是够大的了，祭祀时荐献的供品要完备。孝顺的心加上完备的祭品，这就是教化的根本吧！所以君子施行教化，在社会上就教育人们尊敬君长，在家庭里就教育他们孝顺双亲。所以圣明的君主在上，则大小臣工服从；尊敬地祭祀宗庙社稷，则子孙孝顺。竭尽祭祀之礼，侍奉尊上，端正君臣上下等级之义，这样教化就产生了。所以君子侍奉君王，一定要身体力行。自己感到上级有什么地方做得不对，就不要以此施行于下；自己厌恶下级的某些做法，就不要再这样应付上级。知道责难别人的行为不对，而自己却明知故犯，这不是正确教育的方法。所以君子的施行教化，一定要从根本抓起，做到最为顺乎情理，这就是祭祀的方法吧！这就无怪乎人们说：祭祀是教化的根本。

祭祀有十种意义：第一是体现侍奉鬼神之道，第二是体现君臣之义，第三是体现父子关系，第四是体现尊卑有别，第五是体现亲疏有别，第六是体现爵级赏赐的施行，第七是体现夫妇之别，第八是体现政事公平，第九是体现长幼有序，第十是体现上下关系。这就是祭祀的十种意义。下面分开来说。祭祀时为父母的神灵铺设同一张席子，设置同一几案，这是为了使神灵有所凭依。先由祝官在室内向神灵致辞报告，又在庙门外向神灵致辞祝告。这是和神灵交接的方法。祭祀时，国君走出庙外迎牲，但不走出庙门外迎尸，这是为了避开嫌疑。因为尸在庙门外仍然是臣子的身份，而进到庙内就变成君父的身份。而国君在庙门外仍然是国君的身份，一进入庙门就变成臣子的身份。所以不出门迎接尸，是为了不搞乱君臣的名分。祭祀中规定，由孙子辈的人充当祖父的尸。那个充当尸的人，对于祭祀者来讲是儿子辈，而作为父辈的祭者倒要面朝北去侍奉尸，这就是为了让人明白儿子应当如何侍奉父亲。这就是父子之间的关系。尸接受饮酒五次后，国君便洗净玉爵向卿献酒；尸接受饮酒七次后，国君才用瑶爵向大夫献酒；尸接受饮酒九次后，国君才用散爵向士和各种当差的献酒。这体现了尊卑有别。祭祀又有昭穆之分。昭穆是用以分辨父子、远近、长幼、亲疏顺序而不致混乱的制度。因此，凡祭太庙，则昭辈群辈都在场，但不会发生排位次序的紊乱。古代圣明君主给有德者颁授爵位，给有功者加给俸禄，凡赐爵、赐禄之礼都在太庙举行，表示自己不敢专断而必祭告祖先。这类祭祀仅一献，之后国君从堂上下来站在阼阶南边，面向南，受赐者面向北，内史就在国君的右侧执册宣告诏命。受赐者向君稽首二拜，接纳册书而归，回家向自己的家庙行一献之礼（敬告祖先）。这即是祭礼中的爵赏之赐的施行。祭祀时国君穿戴礼服礼冕，站在阼阶上；夫人头戴首饰，穿着礼服，站在东房内。夫人向尸献豆时手执豆下细直的部分，而执醴酒之人送豆给夫人时手托底座；尸回敬夫人时手执爵的柄，夫人接纳尸爵时执于爵的足。夫妇、男女执爵相敬相授受，不能拿着爵的同一个部位。而且回敬时一定要更换一爵。这一切表明男女有别。凡分配俎肉，以带骨的肉为主。牲体的骨，也分贵贱。殷人以后大腿骨为贵，周人则以前腿上部的肩为贵。对于周人来说，牲体前面的骨贵于后面的骨。分配俎肉，就是要体现举行祭祀肯定对大家都有好处。所以在分配时，高贵的人取得贵骨，卑贱的人取得贱骨，高贵的人不拿双份，卑贱的人也不会空手，这就体现了公平。每个人都能得到恩惠，政令就容易推行；政令得到推行，事情就容易办成；事情办成，就能建功立业。之所以能够建功立业，其原因不可不知。分配俎肉，就是要体现恩惠必定人人有份。善于治理国家者也就像分配俎肉那样，所以说：『祭祀可以体现政事的公平。』旅酬时向助祭的众多兄弟众多子孙敬酒，这些人按昭穆排为两列。昭辈之间按年龄大小排为一列，穆辈之间按年龄大小排为一列。其他的来宾以及各种当差的，也都按年龄大小排列。这就叫作长幼有序。祭祀末尾有赐馂之礼，这时要把神吃剩下的祭品分给辉、庖、翟、阍，这是向下人施惠的方法。只有有道之君才能做到这一点，他的明智足以使他认识到这样做的重要性，他的仁慈足以使他采取实际的行动。所谓畀，就是赐予，也就是能把他多余的东西赐予他的下人。辉，这是制造铠甲这类小官中的贱者；庖，这是职掌屠宰这类小官中的贱者；翟，这是教习乐舞这类小官中的贱者；阍，这是掌管守门这类小官中的贱者，在古代不让受过刑罚的人守门。干这四种差使的人，是小官当中最低贱的，而尸在庙中是最尊贵的，以最尊贵的身份在祭祀的末尾能够不忘记最低贱的人，并且把神吃剩下的东西赐予他们。所以如果一个国家由明君来领导，全国的老百姓就不会有受冻挨饿的。这就叫作体现了上下之间有分有联的关系。

天子、诸侯宗庙之祭有四时之祭：春季称为『礿』，夏祭称为『禘』，秋祭称为『尝』，冬祭称为『烝』。

灼、禘表明阳祭；尝、烝表明阴祭。其中，禘祭表明阳气之盛，尝祭表明阴气之盛。因此说『庙祭没有比禘、尝祭更重要的』。以前于禘祭时颁发爵位，奖赏车服，这是顺应阳气的意义；在尝祭时要分出田土乡邑，颁布秋季刑杀之政，这是顺应阴气的意义。因此《记》云『尝祭之日，还要发公家之财物以奖赏，表明有功则有赏』。人民开始割草烧荒，刑罚也从轻者往重者依次执行。比如墨刑，尚未颁布秋季刑杀之政时，人民就不敢割草烧荒。所以说：禘、尝二祭的意义很重大，涉及治国的根本，不可不知。明白禘、尝之祭的意义是君主，办好禘、尝之祭事务的是臣子。不明白禘、尝之祭的意义，作为国君就有所不足；办不好禘、尝之祭，作为臣子就有所不足。这里所说的『意义』，是用来实现自己的志向，是各种德行的表现。所以德行盛大的人他的思亲意念就强烈，思亲意念强烈的人他对祭祀意义的理解就透彻，对意义理解透彻的人他在祭祀时必然恭敬。国君对祭祀恭敬，那么国内的黎民百姓谁敢不恭敬呢。所以君子的对于祭祀，一定要亲自参加。有特殊情况时让别人代替也是可以的。虽然是让人代替，但效果却和国君亲临没有什么不同，原因就在于国君深明祭祀之义。道德浅薄的人他对祭祀的事就心不在焉，对祭祀的意义也半信半疑，在这种情况下让他去向神求祭，要求他做到毕恭毕敬是办不到的。祭祀祖先而做不到恭敬，还有什么资格为民父母呢！

鼎上有铭文。铭，是自立其名，通过自立其名，而称扬他祖先的美德，使先祖的名声彰显于后世。作为祖先没有没美德的，也没有没缺点的。铭文的意义，在于称扬美德而不提缺点，这体现了孝子、孝孙的心意，只有贤德的人能做到这样。铭文，是记载祖先的美德、功业、勋劳、所获的奖赏和声誉，公布于天下，而斟酌挑选后刻在祭器上，把自己的名字刻在下边，用以祭祀祖先。显扬祖先的功德，以崇尚孝道。附自己名字于下边，也是表示对先祖的孝顺。将先祖的美德明白地展示给后世，就是教育子孙。这铭文，通过一次称扬祖先，而上使祖先得以光耀，下使自己的孝心得以表达。因此君子观看铭文，既赞美文中所称扬的祖先，又赞美刻铸铭文者的做法。刻铸铭文的人，他的聪明足以显扬祖先的功德，他的仁爱足以使国君赐予他铭文，他的智慧又足使铭文有利于自己和子孙后代，这样的人可称得上贤明了，贤明而不吹嘘夸耀，可称得上恭敬谦和了。

因此，卫国大夫孔悝的鼎上铭文为：『六月丁亥，卫庄公到达太庙夏祭时，对孔悝说：「叔舅！你的七世祖孔达曾侍奉我祖成公。当成公出逃时曾跟从逃难于汉水之北，后来又跟从至京师，一直往返奔走不倦。后来你的先祖成叔辅导、佐助我先祖献公复国，献公乃命你成叔承继庄叔之业。你的父亲文叔又振奋先祖之宏愿，奋起领导众卿士，亲自安定卫国。他勤勉于公家之事，日夜不倦。人们都称颂叫好。」卫公又说：「叔舅！我给你一篇铭文，你得承继你先祖的事业啊！」孔悝下拜稽首，说：「敬领君命，我当弘扬先祖之业，并刻之于烝祭的彝鼎上。」』这即是卫国大夫孔悝祭鼎之铭。古代君子议论表述其祖先的美德善行，而使其光明正大地传播于后世，并以此比照自身，从而光耀其国家。子孙守宗庙、社稷，如果其先祖没有什么美行而值得称颂那是撒谎；如果先祖有美行而子孙不知晓，那是愚昧无知；知道而不弘扬，那是不仁。这三者都是君子感觉可耻的。

以前，周公旦对天下有勋劳，周公去世，成王、康王为纪念周公对国家的勋劳，打算尊重他的鲁国的后裔，所以赐予他们可以使用最隆重祭祀的权力。对外祭祀，可以祭天地；对内祭祀，可以举行大规模的尝祭、禘祭。大规模的尝祭、禘祭，要登堂歌唱《清庙》之诗；堂下吹奏管乐演奏《象》舞；用红色盾牌和玉斧，跳《大武》舞；用八行舞队跳《大夏》舞。这是天子的乐舞。因为褒扬周公的伟大，所以赐予鲁国的子孙继承下来，到现在没有废除，用来表明周公的德行，并且显现了本国的重要地位。

经解

孔子曰：『入其国，其教可知也。其为人也，温柔、敦厚，《诗》教也；疏通、知远，《书》教也；广博易良，《乐》教也；絜静、精微，《易》教也；恭俭、庄敬，《礼》教也；属辞、比事，《春秋》教也。故《诗》之失，愚；《书》之失，诬；《乐》之失，奢；《易》之失，贼①；《礼》之失，烦；《春秋》之失，乱。其为人也，温柔、敦厚而不愚，则深于《诗》者也；疏通、知远而不诬，则深于《书》者也；广博、易良而不奢，则深于《乐》者也；絜静、精微而不贼，则深于《易》者也；恭俭、庄敬而不烦，则深于《礼》者也；属辞、比事而不乱，则深于《春秋》者也。』

天子者，与天地参，故德配天地，兼利万物，与日月并明，明照四海，而不遗微小。其在朝廷则道仁圣、礼义之序，燕处则听《雅》、《颂》之音，行步则有环佩之声，升车，则有鸾、和之音。居处有礼，进退有度，百官得其宜，万事得其序。《诗》云：『淑人君子，其仪不忒。其仪不忒，正是四国。』此之谓也。发号出令而民说谓之『和』，上下相亲谓之『仁』，民不求其所欲而得之谓之『信』，除去天地之害谓之『义』。义与信，和与仁，霸、王之器也。有治民之意而无其器，则不成。

礼之于正国也，犹衡之于轻重也，绳墨之于曲直也，规矩之于方圜也。故衡诚县，不可欺以轻重；绳墨诚陈，不可欺以曲直；规矩诚设，不可欺以方圜；君子审礼，不可诬以奸诈。是故隆礼、由礼，谓之有方之士；不隆礼、不由礼，谓之无方之民，敬让之道也。故以奉宗庙则敬，以入朝廷则贵贱有位，以处室家则父子亲，兄弟和，以处乡、里则长幼有序。孔子曰：『安上治民，莫善于礼。』此之谓也。

故朝觐之礼，所以明君臣之义也；聘问之礼，所以使诸侯相尊敬也；丧祭之礼，所以明臣子之恩也；乡饮酒之礼，所以明长幼之序也；昏姻之礼，所以明男女之别也。夫礼禁乱之所由生，犹坊止水之所自来也。故以旧坊为无所用而坏之者，必有水败②；以旧礼为无所用而去之者，必有乱患。故昏姻之礼废，则夫妇之道苦，而淫辟之罪多矣；乡饮酒之礼废，则长幼之序失，而争斗之狱繁矣；丧祭之礼废，则臣子之恩薄，而倍死、忘生者众矣；聘、觐之礼废，则君臣之位失，诸侯之行恶，而倍畔侵陵③之败起矣。

故礼之教化也微，其止邪也于未形，使人日徙善远罪而不自知也，是以先王隆之也。《易》曰：『君子慎始，差若毫厘，缪以千里。』此之谓也。

【注释】

①贼：害。

②水败：患。

③倍畔侵陵：背叛侵凌。

【译文】

孔子说：『进到一个国家，只要观察那里的风俗，就能够知道该国的教化怎样了。那里的人们如果是温和柔顺、淳朴忠厚，那就是《诗》教的结果；如果是事物通达、知晓远古之事，那就是《书》教的结果；如果是心胸宽广坦荡，简易善良那就是《乐》教的结果；如果是正邪沉静、洞察细致，那就是《易》

教的结果；如果是庄重恭敬节俭，那就是《礼》教的结果；如果是擅长辞令和排比事情，那就是《春秋》教的结果。学者假如学《诗》学过了头，就会陷进愚笨鲁钝；如果学《书》学过了头，就会陷入烦苛诬枉；如果学《乐》学过了头，就会陷入奢侈淫靡；如果学《易》学过了头，就会陷入相互伤害；如果学《礼》学过了头，就会陷入繁缛细琐；如果学《春秋》学过了头，就会陷入犯上作乱。身为一个国民，如果温和柔顺、淳朴忠厚而不陷入愚蠢，那就是真正精通《诗》义，以《诗》教民的成果；如果能事物通达知晓远古之事而不陷入烦苛诬枉，那就是精通《书》义，以《书》教民的成果；如果心胸宽广坦荡而不陷入奢侈淫靡，那就是精通《乐》义，以《乐》教民的成果，如果清净沉静、洞察细致而不陷入相互伤害，那就是精通《易》义，以《易》教民的成果；如果能恭逊节俭庄重恭敬而不陷入繁缛细琐，那就是精通《礼》义，以《礼》教民成果；如果擅长辞令和排比而不犯上作乱，那就是精通《春秋》义，以《春秋》教民的成果。」

天子，与天、地，并列而三，所以他的道德能够与天地匹配，他的恩泽普及万物，他的明亮就像日月，普照天下而不遗漏任何一个角落。在朝廷上，他开言一定讲仁圣礼义之事；退朝以后，一定欣赏《雅》《颂》之乐；走路之时，身上的佩玉发出有节奏的声音；登车之时，车上的鸾铃和铃发出悦耳的声音。升朝与退朝，都按礼办事；走路与登车，都有一定规则；百官各得其所，一切井然有序。《诗经》上说：「那善良的君子，他的仪表美好无差错。他的仪表美好无差错，可以作为四方各国的表率。」说的就是这个意思。

天子发布命令而百姓衷心拥护，这称为『和』，上下相亲相爱，这称为『仁』，百姓想要的东西不用开口就能获得，这称为『信』，为百姓消除天灾人祸，这称为『义』。义与信，和与仁，是称霸称王的工具。

有治理人民的意愿却没有治理的工具，那是不能达到目的的。

用礼来治理国家，犹如用秤来称轻重，用墨斗、线绳来量曲直，用规矩尺画方画圆。因此把秤悬起，度量轻重有了标准，就不能任意欺骗人。墨斗线绳拉扯起来，是曲是直就瞒不了人了。把规矩认真用上，是圆是方就不会有假；君子明礼、懂礼，就无法以奸诈来欺骗他。以重视礼、践行礼的，称为有道之人；不重视礼，不实行礼，就叫无道之人。礼就是使人恭敬谦让之道。因此依礼祭祀宗庙就恭敬，依礼进入朝廷使百官各得其位，贵贱各得其所，依礼治家就会父子相亲、兄弟和睦，依礼治乡里就长幼有序。孔子说：『要使君主安心，治理民众，没有比礼更好的了。』就是说的这个意思。

因此，诸侯朝见天子之礼，为的是明确君臣大义；诸侯之间的聘问之礼，为的是使各诸侯相互尊重与亲善；丧葬祭祀之礼，为的是使人们懂得作为人臣或人子始终不能忘掉君亲的恩情；乡饮酒之礼，为的是明确长幼之序；婚姻之礼，为的是明确男女有别。礼，就是防止祸乱的产生，如同以坝防止水患的发生。所以，如果认为旧的堤坝没有用了，因而损坏它，就一定会遭受洪水之灾；认为旧的礼制没有用了因而舍弃它，就一定会有祸乱之患。因此，婚姻之礼废止，则夫妇之道难行，而淫乱邪僻之罪就多；乡饮酒之礼废除，则长幼之序就失去，而争斗的狱讼就会增多；丧葬祭奠之礼废，那么臣下，人子对君上，对父母的恩情就会淡薄丧失，聘问朝见之礼废，那么君臣上下关系就会遭到破坏，诸侯就会行乱作恶，而叛离君主、相互侵凌之事就出现。

由于礼的教化作用很细微，其防止邪恶于未然，使人平日向善远罪而并不察觉，所以先王十分重视礼乐的建树。《周易》曰：『君子慎重地对待事情于开始。因初始之失仅毫厘，其最后导致的谬误就有千里之远。』即是这个意思。

哀公问

哀公问于孔子曰：『大礼何如？君子之言礼，何其尊也？』孔子曰：『丘也小人，不足以知礼。』君曰：『否，吾子言之也。』孔子曰：『丘闻之，民之所由生，礼为大。非礼无以节事天地之神也，非礼无以辨君臣、上下、长幼之位也，非礼无以别男女、父子、兄弟之亲，昏姻、疏数①之交也。君子以此之为尊敬然，然后以其所能教百姓，不废其会节。有成事，然后治其雕镂、文章、黼黻以嗣。其顺之，然后言其丧筭，备其鼎、俎，设其豕、腊②，修其宗庙，岁时以敬祭祀，以序宗族。即安其居，节丑其衣服，卑其宫室，车不雕几，器不刻镂，食不贰味，以与民同利。昔之君子之行礼者如此。』

公曰：『今之君子胡莫行之也？』孔子曰：『今之君子，好实无厌，淫德不倦，怠荒傲慢，固民是尽，午其众以伐有道，求得当欲③，不以其所。昔之用民者由前，今之用民者由后。今之君子莫为礼也。』

孔子侍坐于哀公。哀公曰：『敢问人道谁为大？』孔子愀然作色而对曰：『君之及此言也，百姓之德也。固臣④敢无辞而对？人道政为大。』公曰：『敢问何谓为政？』孔子对曰：『政者，正也。君为正，则百姓从政矣。君之所为，百姓之所从也。君所不为，百姓何从？』

公曰：『敢问为政如之何？』孔子对曰：『夫妇别，父子亲，君臣严，三者正，则庶物从之矣。』公曰：『寡人虽无似也，愿闻所以行三言之道，可得闻乎？』孔子对曰：『古之为政，爱人为大。所以治爱人，礼为大。所以治礼，敬为大。敬之至矣，大昏⑤为大，大昏至矣。大昏既至，冕而亲迎，亲之也。亲之也者，亲之也。是故君子兴敬为亲，舍敬，是遗亲也。弗爱不亲，弗敬不正。爱与敬，其政之本与？』

【注释】

①疏数：交际往来稀疏和密切，也指亲疏。

②腊：干肉。

③当欲：满足自己的欲望。

④固臣：谦辞，犹言『固陋之臣』。

⑤大昏：天子诸侯的婚礼。

【译文】

鲁哀公向孔子求教，说：『礼，最基本的意思是什么？君子言礼，为何这样重要？』孔子说：『我是普通百姓，不配议论礼。』哀公说：『不，先生还是谈谈吧！』孔子说：『我听师长说，人所以能在社会生存，礼是最基本的。没有一定的礼制仪节，就不可能合适地侍奉天地神灵；没有一定的礼制仪节，也不可能区别君臣、上下、长幼之间合适的位置；没有礼制仪节，也不可能区别男女、父子、兄弟之间的疏远尊卑，也不可能处理婚姻及人与人之间的交往与疏远。君子由此而明白礼的重要。然后以自己所能去教育百姓，使人们不废止各类祭祀活动。等到有了效果，然后置办雕镂纹饰的礼器、绘有图案的礼服，以区分尊卑上下的等级。百姓都顺从礼仪，然后对居丧的人按照五服的服等计算守丧年月，准备好鼎、俎一类的祭器，置办猪肉、干肉等祭品，修葺宗庙，每年都按时恭敬地举行祭祀，按辈分排定宗族内的长幼次序。安顿好自己的居所，穿着自己应穿的衣服，所住的宫室要合乎标准、低矮一些，乘坐的车子不雕刻凹凸的纹饰，使用的器具不镂铸图案，吃饭也不吃两种菜肴，以表示与民众同甘共苦不奢侈。从前君子就是这样行礼的。』

哀公又问道：『现在的君子，为什么不那样实行了呢？』孔子说：『今天的君主喜好财富，贪得无厌，淫乐无度，懒惰傲慢，非把民众的财力耗尽不可。违背众人的心愿，侵害有道的国家，只求满足自己的欲望而不择手段。从前君主是照我前面所说的那一套做的。而现在君主却是照刚才所说的这一套做的。如今的君主，没有肯实行礼教的了。』

孔子陪坐在哀公身旁。哀公说：『请问人伦之道，什么最重要呢？』孔子马上露出严肃庄重的面容说：『您能问及这个问题，那便是百姓有福了。臣岂敢不认真回答呢？人伦之道，最重要的便是政治。』哀公问：『请问什么是政治呢？』孔子回答说：『政，就是正的意思。君主若能做到正，百姓就会服从您的统治了。国君的行为，便是百姓所效法的榜样，国君不作为，百姓又怎么会去效法呢？』

哀公又问：『请问应该如何去为政呢？』孔子回答说：『夫妇有别，父子相亲，君臣相敬，这三件事办好了，所有的其他事情也就跟着摆正了。』哀公说：『寡人尽管不肖，却很愿意听一听办好这三件事的办法，能够讲一讲吗？』孔子答复说：『古人的为政，把关爱他人看得最重要。要做到关爱他人，礼最重要。要做到礼，敬最重要。要办到不折不扣的敬，大婚最重要。大婚是最最关键的了！大婚的日子到来，要戴着礼帽身穿礼服亲自去迎娶，这是表现亲爱她的意思。所谓亲爱她，本质上就是尊敬她。因此君子以尊敬为亲，舍弃尊敬也就是舍弃了亲爱。没有爱也就没有亲，没有敬也就没有正。爱与敬，也许就是为政的根本吧？』

公曰：『寡人愿有言然。冕而亲迎，不已[1]重乎？』孔子愀然作色而对曰：『合二姓之好，以继先圣之后，以为天地、宗庙、社稷之主，君何谓已重乎？』公曰：『寡人固。不固，焉得闻此言也！寡人欲问，不得其辞，请少讲！』孔子曰：『天地不合，万物不生。大昏，万世之嗣也，君何谓已重焉！』

孔子遂言曰：『内以治宗庙之礼，足以配天地之神明；出以治直言之礼，足以立上下之敬。物耻足以振之，国耻足以兴之。为政先礼礼，其政之本与！』孔子遂言曰：『昔三代明王之政，必敬其妻子也，有道。妻也者，亲之主也，敢不敬与？子也者，亲之后也，敢不敬与？君子无不敬也。敬身为大。身也者，亲之枝也，敢不敬与？不能敬其身，是伤其亲；伤其亲，是伤其本；伤其本，枝从而亡。三者，百姓之象也。身以及身，子以及子，妃以及妃[2]，君行此三者，则忾乎天下矣，大王之道也。如此则国家顺矣。』

公曰：『敢问何谓敬身？』孔子对曰：『君子过言则民作辞，过动则民作则。君子言不过辞，动不过则，百姓不命而敬恭。如是，则能敬其身，能敬其身，则能成其亲矣。』

公曰：『敢问何谓成亲？』孔子对曰：『君子也者，人之成名也。百姓归之名，谓之「君子之子」。是使其亲为君子也，是为成其亲之名也已。』孔子遂言曰：『古之为政，爱人为大。不能爱人，不能有[3]其身；不能有其身，不能安土；不能安土，不能乐天；不能乐天，不能成其身。』

公曰：『敢问何谓成身？』孔子对曰：『不过乎物。』公曰：『敢问君子何贵乎天道也？』孔子对曰：『贵其不已。如日月东西相从而不已也，是天道也。不闭其久，是天道也。无为而物成，是天道也。已成而明，是天道也。』

公曰：『寡人蠢愚、冥烦，子志之心也。』孔子蹴然辟席[4]而对曰：『仁人不过乎物，孝子不过乎物。

是故仁人之事亲也如事天，事天如事亲。是故孝子成其身。』公曰：『寡人既闻此言也，无如后罪何？』

孔子对曰：『君之及此言也，是臣之福也。』

【注释】

①已：太。

②妃：同『配』，指配偶、妻。

③有：保住。

④蹴（cù）然：惊魂不安的样子。辟：通『避』。

【译文】

哀公说：『我想问一句，像您说的这样，君主穿了礼服亲自去迎亲，是否太隆重了？』孔子严肃地回答：『结合两个族姓的婚姻，为前代圣主传宗接代，成为天地宗庙社稷的主人，这么大的事，您怎么能说太隆重了呢？』哀公说：『我太愚钝了，不愚钝，也不会来向您请教。我想提问，又不知如何措辞，请您还是接着说吧！』孔子说：『天地阴阳之气不合，万物就不能生长。国君的大婚之礼，就是为千秋万世生育后代呀，您怎么能说戴着冠冕穿着礼服亲自去迎娶太隆重了呢？』孔子接着说：『国君大婚后夫妇在家内要共同举行祭祀宗庙之礼，足以与天地日月神明相配；在家外要推行政教、颁布政令，足以建立上下相互敬重的关系。臣子行事中有耻辱有失误，用礼可以来救助纠正；国家事务中有耻辱有失误，用礼可以来重振复兴。为政要以礼为先导，礼是为政的根本啊！』

孔子进一步说：『夏商周三代圣明的君主，都爱护其妻子和儿子。这是有道理的。由于妻子是侍奉父母和祭奠祖宗的主体，能不敬吗？儿子则是父母及祖先的后嗣，能不敬吗？君子是没有不尊敬妻和子的。敬，又以敬爱自身最为重要，由于自己的身体，是父母的分枝，能不谨慎吗？不能爱护自身，就意味着伤害了父母；伤害了父母，就是伤害了根基；伤害了根基，那枝叶也就失去。自身、妻子和儿子这三者，就是百姓的代表和象征。由爱护自身，扩展到爱护百姓之身，由爱自己的儿子，扩展到爱百姓之子；由爱自己的妻子，扩展到爱人人的妻子。君上若能实行这三项，那人们就能普沾教化、天下大治，这就是周先祖古公亶父的实行之道。如此，则国家必定会昌盛。』

哀公问道：『请问什么叫作尊敬自身呢？』孔子回答说：『君子说错的话，老百姓就会当作对的旨；君子做错的事，老百姓也会当作是法则。君子如果能够不说错话，不作错事，老百姓就不用下令就能恭敬服从。如此这般地做了，就是能够尊敬自身了。能够尊敬自身，也就是给父母脸上争光了。』

哀公问道：『什么称为给父母脸上争光？』孔子答复说：『所谓「君子」，是人的一种美名。百姓送他这样一个称谓，说他是「君子之子」，这也就是使其父母成为君子了，这就是帮他的父母得到美名了。』孔子又接着说道：『古人的为政，把爱人视为最重要。不能爱人，人将害己，这样就不能保卫自身。不能保卫自身，就不能安居乐业。不能安居乐业，就很难不怨天尤人。怨天尤人，就不可成就自身。』

哀公问道：『请问什么叫作成就自身？』孔子回答说：『凡事都不做错，就叫成就自身。』哀公又问道：『请问君子为什么那样地看重天道呢？』孔子回答说：『看重它的永不止息，就好像日月的东升西落永不止息，这就是天道。不闭塞而又能长长久久，这就是天道。无所作为而万物皆成，这就是天道。生成万物，而功业显著，这就是天道。』

哀公说：『我愚痴而昏庸，您心里也是知道的。』孔子严肃地离开席位说：『仁人万事得中，孝子万事得中。因此，仁人侍奉双亲如同侍奉天地，侍奉天地如同侍奉双亲。这就是孝子能成就自己。』哀公说：『我听了先生这些话（心中明白多了），但如果今后还有过错，该如何做呢？』孔子答复说：『君上能说出这样的话，正是臣下的福气了。』

仲尼燕居

仲尼燕居，子张、子贡、言游侍，纵言至于礼。子曰：『居！女三人者。吾语女礼，使女以礼周流，无不遍也。』子贡越席而对曰：『敢问何如？』子曰：『敬而不中礼谓之野，恭而不中礼谓之给，勇而不中礼谓之逆。』子曰：『给夺①慈仁。』子曰：『师！尔过，而商也不及。子产犹众人之母也，能食之，不能教也。』子贡越席而对曰：『敢问将何以为此中者也？』子曰：『礼乎礼！夫礼，所以制中也。』

子贡退，言游进曰：『敢问礼也者，领恶而全好者与？』子曰：『然。』『然则何如？』子曰：『郊、社之义，所以仁鬼神也；尝、禘之礼，所以仁昭穆也；馈、奠之礼，所以仁死丧也；射、乡之礼，所以仁乡党也；食、飨之礼，所以仁宾客也。』子曰：『明乎郊、社之义，尝、禘之礼，治国其如指诸掌而已乎！是故以之居处有礼，故长幼辨也；以之闺门之内有礼，故三族和也；以之朝廷有礼，故官爵序也；以之田猎有礼，故戎事闲也；以之军旅有礼，故武功成也。是故宫室得其度，量、鼎得其象，味得其时，乐得其节，车得其式，鬼神得其飨，丧纪得其哀，辨说得其党，官得其体，政事得其施。加于身而错于前，凡众之动得其宜。』

子曰：『礼者何也？即事之治也。君子有其事必有其治。治国而无礼，譬犹瞽之无相与，伥伥乎其何之？譬如终夜有求于幽室之中，非烛何见？若无礼，则手足无所错，耳目无所加，进退、揖让无所制。是故以之居处，长幼失其别，闺门、三族失其和，朝廷、官爵失其序，田猎、戎事失其策，军旅、武功失其制，宫室失其度，量、鼎失其象，味失其时，乐失其节，车失其式，鬼神失其飨，丧纪失其哀，辨说失其党，官失其体，政事失其施。加于身而错于前，凡众之动失其宜，如此，则无以祖洽②于众也。』

子曰：『慎听之，女三人者！吾语女：礼犹有九焉，大飨有四焉。苟知此矣，虽在畎亩之中，事之，圣人已。两君相见，揖让而入门，入门而县兴，揖让而升堂，升堂而乐阕。下管《象》、《武》，《夏》籥序兴。陈其荐、俎，序其礼乐，备其百官，如此而后，君子知仁焉。行中规，还中矩，和、鸾中《采齐》，客出以《雍》，彻以《振羽》，是故君子无物而不在礼矣。入门而金作，示情也。升歌《清庙》，示德也。下而管《象》，示事也。是故古之君子，不必亲相与言也，以礼乐相示而已。』

子曰：『礼也者，理也；乐也者，节也。君子无理不动，无节不作。不能《诗》，于礼缪；不能乐，于礼素③。薄于德，于礼虚。』子曰：『制度在礼，文为在礼，行之、其在人乎！』子贡越席而对曰：『敢问夔其穷与？』子曰：『古之人与！古之人也。达于礼而不达于乐，谓之「素」；达于乐而不达于礼，谓之「偏」。夫夔达于乐而不达于礼，是以传于此名也，古之人也。』

子张问政。子曰：『师乎！前，吾语女乎！君子明于礼乐，举而错之而已。』子张复问。子曰：『师！尔以为必铺几、筵，升降、酌、献、酬、酢，然后谓之礼乎？尔以为必行缀兆④，兴羽籥，作钟鼓，然后谓之乐乎？言而履之，礼也；行而乐之，乐也。君子力此二者，以南面而立，夫是以天下太平也。诸侯朝，万物服体，而百官莫敢不承事矣。礼之所兴，众之所治也；礼之所废，众之所乱也。目巧之室，则有奥、阼，席则有上下，车则有左右，行则有随，立则有序，古之义也。室而无奥、阼，则乱于堂、室也；席而无上下，则乱于席上也；车而无左右，则乱于车也；行而无随，则乱于涂也；立而无序，则乱于位也。昔圣帝、明王、诸侯，辨贵贱、长幼、远近、男女、外内，莫敢相逾越，皆由此涂出也。』三子者，既得闻此言也于夫子，昭然若发朦矣。

【注释】

①夺：混淆，与……相似。

②祖洽：祖，始。洽，合。

③素：质朴无文。

④缀兆：指舞蹈的位置和范围。

【译文】

孔子在家闲坐，子张、子贡、子游在旁边侍立，在随便谈论时说到了礼。孔子说：『你们三个人都坐下，我来给你们说说什么是礼，以便你们可以周游四方运用礼，不会有不合礼的地方。』子贡马上离开坐席答复说：『请问老师要讲的礼是怎样的呢？』孔子答复说：『虽然内心敬但却不符合礼的要求，那叫鄙俗；尽管外表恭顺但却不符合礼的要求，那叫谄媚；尽管勇敢但却不符合礼的要求，那叫乱来。』孔子又补充说道：『巧言谄媚会搅乱了仁慈。』孔子又说：『师，你办事往往过火，而商却常常做得不够。子产就像是百姓的慈母，他能让百姓吃饱，但却不知道如何教育他们。』子贡又立刻离开坐席回答说：『请问如何才能做到恰到好处呢？』孔子说：『只有礼呀！礼就是用以掌握适度使人做到恰到好处的。』

子贡退下来，子游又前去问道：『请问礼的功用是不是就在于治理丑恶而保卫善美？』孔子说：『是的。』子游又接着问：『到底怎样治理丑恶保卫善美呢？』孔子答复说：『南郊祭天祭地之礼，就在于对鬼神表达仁爱；尝祭、禘祭之礼，就在于对祖先表达仁爱；馈食祭奠之礼，就在于对死者表达仁爱；乡射、乡饮酒之礼，就在于对乡党表达仁爱；招待宾客的食飨之礼，就在于对宾客表达仁爱。』孔子又接着说：『如果懂得了郊天祭地、知晓了尝祭和禘祭之礼的意义，那么对于怎样治理国家就心中有数，就如同用指头在手掌上指指画画一样。所以，因为日常生活有了礼，长辈和晚辈就有区别了；由于家门之内有了礼，祖孙三代就和睦了；由于朝廷之上有了礼，官职爵位就有条不紊了；由于田猎之时有了礼，军事训练就熟练了；由于军队之中有了礼，作战目的就达到了。所以有了礼，宫室的建造就符合规定，量鼎的制造纹饰不失分寸，五味就各得其时，管弦、丝竹乐器的演奏就有了节拍，车辆的建造就符合格式，鬼神就得到符合要求的祭飨，丧事就会办得恰如其分，解说事情就不会偏题千里，百官的职能就会互不混淆，各项政令就能得到推行。如果人人可以把礼拿来身体力行而且时刻不忘，那么他不管干什么都会做得恰到好处。』

孔子说：『礼是什么呢？就是按事物的规则办理。君子有其事就必定有其治。治国如果没有礼，就如同盲人没有引导的人，茫然不知所向，也如同在暗室里摸索，没有光亮怎能看见物体呢？假如没有礼，就会使人手足不知怎样放置，耳目不知朝向何方，进退、揖让没有依据。所以，如果居处没有礼，长幼上下就不能辨别；家门之内没有礼，父、子、孙三代就不能和睦相处；朝廷宫中没有礼，官职爵位就没有秩序；

没有礼，田猎军事就没有策划；没有礼，军队作战就不能制胜；没有礼，宫室的高低大小就没有了制度；没有礼，量器鼎鼐的式样纹饰就没有了规范；没有礼，酸苦辛咸的味道就没有了依照四季的搭配；没有礼，管弦丝竹乐器的演奏就没有了节拍；没有礼，乘坐的车辆大小奢简就没有了规定；没有礼，不同的鬼神就没有了各自的祭飨；没有礼，五服亲疏的丧事就没有了丧主各自的哀伤；没有礼，《诗》《书》《礼》《乐》的辩论就没有了各派的义理；没有礼，设官分职就没有了各得其位；没有礼，布政治事就没有了各司其职。如果不能将礼施行于自身，并放在所有事的最前面，那么众人的举动行为都不能各得所宜，这样就不能领导和团结众人了。」

孔子说：『你们三个人认真听着！我告诉你们，除了上面讲的礼之外，礼还有九个内容，而大飨之礼占了其中的四个。如果懂得这些，即便是个种地的农夫，依礼而行，也能够说是圣人了。两国国君相见，宾主互相揖让而先后进入大门，进入大门之后，马上钟鼓齐鸣，宾主互相揖让而升堂，升堂之后，一献礼毕，钟鼓之声停息。乐人在堂上演唱《清庙》，再下堂用管乐奏起并跳《象》《大武》舞，然后《夏》乐奏响，于是摆设美味佳肴，安置应有的礼仪和乐曲，执事人等一个不缺。这样做了之后，客人就不难看出主人待客的深厚情谊了。此外，大飨时的礼仪，行走弯道时走出像圆规画的弧线，行走弯拐时走出像矩尺画的方折；车上的铃声，附和《采齐》乐曲的节奏；客人出门时，演奏《雍》这首送别曲；撤席之时，演奏《振羽》这首结束曲。所以，君子做事，没有一件不符合礼的要求。客人刚一进门就钟鼓齐鸣，这是表达欢迎之情。歌工升堂合唱《清庙》之诗，这是体现文王的崇高德行。管乐队在堂下奏起《象》和《武》这首乐曲，这是体现武王的伟大功业。因此古代的君子要互相沟通感情，根本就不用说话，只要通过行礼奏乐就能够表达意思了。』

孔子说：『礼，就是道理；乐，就是节制。君子无理不行动，无节制不演奏音乐；不懂《诗》，行礼就会发生谬误；不懂乐，行礼就显得寡淡无文。德行浅薄，行礼就变得虚伪。』孔子说：『制度包括在礼中，文饰包括在礼中，而实行礼还在于人啊。』子贡离席而应声说：『请问夔对于礼不通吗？』孔子说：『你问的是那个古人吧！是个古代人啊。通晓礼而不通晓乐叫作「素」，通晓乐而不通晓礼的叫作「偏」。你说的那个夔通晓乐而不通晓礼，所以就流传下来夔这个名字，是个古代的人啊。』

子张问政事。孔子说：『师，你上前一点，我告诉你！政治，不过是君子懂得了礼乐之义又把它应用到治国安民的事务中去而已。』子张又问孔子说：『师！你认为只有摆设几案筵席，上下奔走，酌酒献酒，为宾客酬酒、为主人敬酒，那便是礼吗？你认为只有排列舞行，挥舞羽籥，演奏钟鼓，便是乐吗？（其实只有）言行相合才是礼，行为合礼才是乐。君子努力实践此二者，就能南面而立去为政，天下就太平了，诸侯都来朝见，万事万物各得其所，百官奉公守法，各司其职。礼之所以兴，是众之所以治的原因；礼之所以废，是众之所以乱的原因。即使是仅凭眼力所视之巧设计，不讲究严格的规格的规矩建造的屋室也有奥和阼阶。坐席对人，则有上下，乘车之礼，一定分左右，乃至行路有随，站立有序，这一切自古都含有意义。假如筑室没有奥和阼阶，堂室的尊卑就会混乱；坐席不分上下，座次的尊卑就会混乱；乘车不分左右，座位的尊卑就会混乱；行路不讲谦让，行道的尊卑就会混乱；站立不分次序，站位的尊卑就会混乱。古代的圣帝、明王、诸侯，区分贵贱、长幼、亲疏、男女、内外，不敢互相逾越，都是从礼引申出来。』子张、子贡、言游三人，听了孔子这番话之后，如同昏暗之目重新复明，豁然开朗。

孔子闲居

孔子闲居①，子夏侍。子夏曰：『敢问《诗》云「凯弟君子，民之父母」，何如斯可谓民之父母矣？』孔子曰：『夫民之父母乎，必达于礼乐之原，以致「五至」，而行「三无」，以横于天下。四方有败，必先知之，此之谓民之父母矣。』

子夏曰：『民之父母，既得而闻之矣。敢问何谓「五至」？』孔子曰：『志之所至，诗亦至焉；诗之所至，礼亦至焉；礼之所至，乐亦至焉；乐之所至，哀亦至焉；哀乐相生。是故正明目而视之，不可得而见也；倾耳而听之，不可得而闻也；志气塞乎天地。此之谓「五至」。』

子夏曰：『「五至」既得而闻之矣，敢问何谓「三无」？』孔子曰：『无声之乐，无体之礼，无服之丧，此之谓「三无」。』子夏曰：『「三无」既得略而闻之矣，敢问何诗近之？』孔子曰：『「夙夜其命宥密」，无声之乐也；「威仪逮逮，不可选也」，无体之礼也；「凡民有丧，匍匐救之」，无服之丧也。』

子夏曰：『言则大矣、美矣、盛矣！言尽于此而已乎？』孔子曰：『何为其然也？君子之服之也，犹有「五起」焉！』子夏曰：『何如？』孔子曰：『无声之乐，气志不违；无体之礼，威仪迟迟；无服之丧，内恕孔悲。无声之乐，气志既得；无体之礼，威仪翼翼；无服之丧，施及四国。无声之乐，气志既从；无体之礼，上下和同；无服之丧，以畜万邦。无声之乐，日闻四方；无体之礼，日就月将；无服之丧，纯德孔明。无声之乐，气志既起；无体之礼，施及四海；无服之丧，施于孙子。』

子夏曰：『三王之德，参于天地，敢问何如斯可谓参于天地矣？』孔子曰：『奉「三无私」以劳天下。』子夏曰：『敢问何谓「三无私」？』孔子曰：『天无私覆，地无私载，日月无私照，奉斯三者以劳②天下，此之谓「三无私」。其在《诗》曰：「帝命不违，至于汤齐。汤降不迟，圣敬日齐。昭假迟迟，上帝是祗，帝命式于九围。」是汤之德也。天有四时，春秋夏冬，风雨霜露，无非教也。地载神气，神气风霆，风霆流形，庶物露生，无非教也。清明在躬，气志如神。耆欲将至，有开必先。天降时雨，山川出云。其在《诗》曰：「嵩高维岳，峻极于天。维岳降神，生甫及申。维申及甫，维周之翰。四国于蕃，四方于宣。」此文武之德也。三代之王也，必先其令闻。《诗》云「明明天子，令闻不已」，三代之德也；「弛其文德，协此四国」，大王之德也。』子夏蹶然[3]而起，负墙而立，曰：『弟子敢不承乎！』

【注释】

①闲居：隐居在家。

②劳：以恩德招之使来。

③蹶然：快速站起来的样子。

【译文】

孔子闲居在家，子夏陪侍在旁。子夏说：『请问《诗经》云「平易和乐的君子，民之父母」，到底应如何才能称之为「民之父母」？』

孔子答道：『那民之父母么！一定要通达礼乐的本源，并由已心达到「五至」，实践「三无」，并以此普行于天下。如当四方将有祸患，他一是会先知道。这样，才可称是「民之父母」。』子夏说：『什么是「百姓的父母」，学生已经受教了。再请问什么称为「五至」？』孔子答复说：『君王的心志所到达的地方，讴歌的诗也随之而至；讴歌的诗所到达的地方，礼也随之而至；礼所到达的地方，乐也随之而至；

乐所到达的地方，哀也随之而至；哀与乐是相辅相成。这种道理，瞪大眼睛来看，你不能看得到；竖起耳朵来听，你无法听得到，但君王的这种思想却是充塞于天地之间，这就称为「五至」。』

子夏说：『「五至」的道理我已经知道了，请问什么是「三无」？』孔子说：『没有歌声的音乐，没有身体揖让的礼仪，没有亲等丧服的丧礼，就叫「三无」。』子夏说：『「三无」的意思已经知道了，请问什么诗句与「三无」接近？』孔子说：『「日日夜夜谋政经营，让人们宽和宁静」，这句诗最接近没有歌声的音乐之义；「君之仪态娴雅安详，人们学习效仿」，这句诗最接近没有身体揖让的礼仪之义；「凡是别人家有了死丧，我就尽力去救助帮忙」，这句诗最接近没有亲等丧服的丧礼之义。』

子夏说：『您这段话太伟大了！太美妙了！太有哲理了！是不是话讲到这里就算尽头了呢？』孔子说：『怎么会呢？君子在践行「三无」的时候，还有「五起」呢。』子夏说：『「五起」怎么讲？』孔子说：『没有歌声的音乐，说明民意不违国君的心志；没有身体揖让的礼仪，说明君子仪态仍娴雅安详；没有亲等丧服的丧礼，说明君子内心同情且大悲。这是一。没有歌声的音乐，说明君子志得意满；没有身体揖让的礼仪，说明君子仪态温良恭敬；没有丧服的服丧，说明仁爱施及四方。这是二。没有歌声的音乐，说明君子意志民众服从；没有身体揖让的礼仪，说明上下和睦齐顺；没有亲等丧服的丧礼，说明君子以孝道抚恤万国。这是三。没有歌声的音乐，说明君子声名远扬传播四方；没有身体揖让的礼仪，说明君子是日有进步月有成就；没有亲等丧服的丧礼，说明君子德行高尚非常显明。这是四。没有声音的音乐，说明君子志气已勃兴；没有身体揖让的礼仪，说明君子仪态万方遍及四海；没有丧服的服丧，说明君子的仁爱延及子孙万代。这是五。』

子夏说：『禹、汤、文王三王的德行，和天地相配而为三。请教先生，怎样才算是和天地相配合？』孔子说：『要奉行「三无私」来安抚天下。』子夏说：『请问什么叫三无私呢？』孔子说：『像天覆盖下土一样没有私心，像地载育万物似的没有私心，像日月照亮人间一样没有私心。奉行这三种精神来安抚天下，这就叫作「三无私」。它体现在《诗经》里，就是「天命没有差错，到成汤就天下统一。成汤承受天命下政令不敢怠慢，明慧谨慎在天天增长，虔诚祈祷长久不息，一心崇敬上帝，上帝就赐予成汤九州之国。」这是成汤的德行。『天有四时，即是春夏秋冬（四时行，百物生）。天之风雨霜露，即是上天施教。天教行于上，地以神气应于下。地之神气，即是风雨雷霆。风雨雷霆流行而万物生，这即是天地之教。一个人，只要自身清廉，其气质与志向相合如神，其所愿望之事只要开了头，天必先降贤人辅助他。这就如同天将要降雨，山川必先出云气辅助之。因此《诗经》云「高高的山岭是四岳，高峻入云天。唯有四岳能降神，降生了甫侯与申侯。唯有甫侯和申侯，才是周的支柱与桢榦。他们作为屏藩捍卫国家，颂扬恩德四方宣扬。」这就是因为文王、武王的德行。三代圣王，其先祖必有美名弘扬四方。因此《诗经》说「光明磊落的天子，必有美名传四方」，这就是三代圣王的德行。又说「弘扬祖先文德，团结四方诸邦」这说的是文王的祖父太王（古公亶父）的德行。』子夏听完孔子这番话，高兴地离开坐席，背靠墙壁而立，恭敬地说：『弟子怎敢不领受先生的教导呢！』

坊记

子言之：『君子之道，辟则坊与?坊民之所不足者也。大为之坊，民犹逾之。故君子礼以坊德，刑以坊淫，命以坊欲。』

子云：『小人贫斯约①，富斯骄。约斯盗，骄斯乱。礼者，因人之情而为之节文，以为民坊者也。故圣人之制富贵也，使民富不足以骄，贫不至于约，贵不慊②于上，故乱益亡。』

子云：『贫而好乐，富而好礼，众而以宁者，天下其几矣！《诗》云：「民之贪乱，宁为荼毒。」故制国不过千乘，都城不过百雉，家富不过百乘。以此坊民，诸侯犹有畔者。』

子云：『夫礼者，所以章疑别微，以为民坊者也。故贵贱有等，衣服有别，朝廷有位，则民有所让。』

子云：『天无二日，土无二王，家无二主，尊无二上，示民有君臣之别也。《春秋》不称楚、越之王丧。礼，君不称天，大夫不称君，恐民之惑也。《诗》云：「相彼盍旦，尚犹患之。」』子云：『君不与同姓同车，与异姓同车不同服，示民不嫌也。以此坊民，民犹得同姓以弑其君。』

子云：『君子辞贵不辞贱，辞富不辞贫，则乱益亡。故君子与其使食浮于人也，宁使人浮于食。』

子云：『觞③酒、豆肉，让而受恶，民犹犯齿。衽席之上，让而坐下，民犹犯贵。朝廷之位，让而就贱，民犹犯君。《诗》云：「民之无良，相怨一方。受爵不让，至于已斯亡。」』

子云：『君子贵人而贱己，先人而后己，则民作让。故称人之君曰「君」，自称其君曰「寡君」。』

子云：『利禄先死者而后生者，则民不偝④；先亡者而后存者，则民可以托。《诗》云：「先君之思，以畜寡人。」以此坊民，民犹偝死而号无告。』

子云：『有国家者贵人而贱禄，则民兴让；尚技而贱车，则民兴艺。故君子约言，小人先言。』

子云：『上酌民言，则下天上施；上不酌民言，则犯也；下不天上施，则乱也。故君子信让以莅百姓，则民之报礼重。《诗》云：「先民有言，询于刍荛⑤。」』

子云：『善则称人，过则称己，则民不争。善则称人，过则称己，则怨益亡。《诗》云：「尔卜尔筮，履无咎言。」』子云：『善则称人，过则称己，则民让善。《诗》云：「考卜惟王，度是镐京。惟龟正之，武王成之。」』子云：『善则称君，过则称己，则民作忠。《君陈》曰：「尔有嘉谋嘉猷，入告尔君于内，女乃顺之于外。曰：「此谋此猷，惟我君之德。」於呼！是惟良显哉！」』子云：『善则称亲，过则称己，则民作孝。《大誓》曰：「予克纣，非予武，惟朕文考无罪。纣克予，非朕文考有罪，惟予小子无良。」』

【注释】

①约：犹穷也。

②慊：愤恨不满之貌。

③觞：古代用来盛酒的器具。

④偝：背弃。

⑤刍荛：割草砍柴的人。

【译文】

孔子说：『君子的治民之道，打个比喻来说，就如同防止河水漫溢的堤防吧！它是为了防止百姓道德不足。尽管周密地为之设防，百姓中还是有人逾越。因此君子用礼来防止道德上的过错，用刑来防止邪恶的行为，用教令来制止贪婪的欲望。』

孔子说：『小人贫穷就窘迫，富贵就骄奢。穷困就会做盗贼，骄奢就会淫乱。礼，是因人之常情而加以节制，以对民众防范。因此圣人制定了节制富贵的礼法，使人们富不足以骄奢，贫寒的人不至于穷困，身居贵位的人不会憎恶爵秩俸禄比他高的人，这样违法作乱的事就减少了。』

孔子说：『贫困而能乐天知命，富贵而能彬彬有礼，家族人多势众而能安守本分，全天下能做到的人能够说是寥寥无几。《诗经》上就说：「人们因贪欲而为乱，宁愿身陷荼毒遭受苦难。」因此做出规定：诸侯的兵车不能超过千乘，国都的城墙不能超过百雉，卿大夫之家的兵车不能超过百乘。用这种办法来防范百姓，诸侯还是有叛乱的。』

孔子说：『礼这东西，是用来彰显疑惑、辨别隐微的，作为人们的道德行为规范。所以人的贵贱分等级，按尊卑差别穿衣服，按职位高下排定朝廷上的位置，这样人们就会有所谦让。』孔子说：『天上没有两个太阳，地上没有两个君王，一家没有两个主人，尊者没有并肩之人，这都是向人们表示人有君臣之别。《春秋》没有记载楚、越之君的丧葬（就是为了免除楚、越之君的僭越之号）。依照礼，诸侯不称天，大夫不称君。这都是以防民众的疑惑。《诗》云：「看看那夜里乱叫的盍旦鸟，人们是多么厌恶它。」』孔子说：『国君不与同姓的人同乘一辆车，与异姓的人同乘一辆车也穿着不同的衣服，这是向人们表示区别，使人们不至于误解。即使是用这些来规范人们的道德行为，人们还有同姓而杀国君的。』

孔子说：『君子推辞尊贵而不推辞卑贱，推辞富有而不推辞贫穷，这样犯上作乱的事就会渐渐减少。所以君子与其让所受俸禄超过自己所具有的能力，宁可使自己所具有的能力超过所受俸禄。』

孔子说：『在养老之礼中，总有长者谦让而接纳较差的一份食品，君子就这样亲身践行并加以倡导，但人们还有侵犯长者的行为。在飨、燕之礼中，也总有长者谦让而坐在下位，君子就这样亲身践行并加以倡导，但还有人做出侵犯长者的行为。在朝廷，也总有人谦让而就贱位，但还有冒犯君上的事发生。因此《诗经》有云：「总有人无良善之心，各在一方相互抱怨。总有人受爵不谦让，行恶多多终至灭亡。」』

孔子说：『君子尊敬别人而贬抑自己，先人而后己，这样一来在百姓中就会兴起谦让的风俗。因此称呼别人的国君为「君」，称呼自己的国君为「寡君」。』

孔子说：『利益和荣誉，应该先给予死者，后给予生者。这样民众就不会背弃死者；先给予为国事奔波国外的人，后给予在国中的人，这样教育出来的人们都仁厚可靠，可以托付大事。《诗经》上说：「时刻思念先君，以此勉励寡人。」虽然用这样的方法来防范民众，而民众仍然会背弃死者，使得活着的老弱之人悲呼哀号无处诉苦。』

孔子说：『有国有家的诸侯大夫，如果看重人才而不吝惜颁赏爵禄，百姓就会兴起尊重礼让人才的风俗；如果看重技艺而不吝惜颁赏车马，百姓就会情愿学习技艺。因此君子说得少而做得多，而小人则好放空炮而少干实事。』

孔子说：『国君选择采纳人们的意见办事，那么百姓对执行国君的政令就像得到上天的恩赐一样。国君不选择采纳人们的意见办事，那么就会与百姓的利益发生冲突，百姓就不把执行政令当作上天的恩赐，这样就会产生祸乱。所以君子以诚信谦让来对待百姓，民众也会以礼回报。《诗》说：「古人说过，政治措施要询问割草砍柴的人。」』

孔子说：『有成绩归给他人，有过失归给自己，则人民会不争名利。成绩归给别人，过失归给自己，则憎恨就会消失。《诗经》云：「占卜占筮，卦体本无恶言，有错都在自己。」』孔子说：『有善行就归功于别人，有过错就归咎于自己，这样人们就会互相推让做过的善事。《诗经》说：「武王向神灵问卜，谋划定居在镐京。龟出吉兆表示肯定，而武王来完成这件事。」』孔子说：『有善行就归功于国君，有过错就归咎于自己，这样人们就会兴起忠君的风气。《君陈》说：「你有好的谋略好的方法，就进去跟你的国君说，你自己在外面顺从国君的政令办事，说：「这些计谋办法，都是我们国君道德才华的体现。」呜呼，只有良臣才能使国君传扬于外。」』孔子说：『有功归给父母，有过归给自己，则人民会重视孝道。《尚书·大誓》说：「我若击败纣王，并不是我的武功，而是我父亲原本就无过失。如果我被纣王击败，那并不是我父亲有罪，而是我自己无能。」』

子云：『君子弛其亲之过，而敬其美。《论语》曰：「三年无改于父之道，可谓孝矣。」「高宗」云：「三年其惟不言，言乃讙。」』子云：『从命不忿，微谏不倦，劳而不怨，可谓孝矣。《诗》云：「孝子不匮。」』

子云：『睦于父母之党，可谓孝矣。故君子因睦以合族。《诗》云：「此令兄弟，绰绰有裕；不令兄弟，交相为瘉。」』子云：『于父之执①，可以乘其车，不可以衣其衣。君子以广孝也。』子云：『小人皆能养其亲，君子不敬，何以辨？』

子云：『父子不同位，以厚敬也。《书》云：「厥辟不辟，忝厥祖②。」』

子云：『父母在，不称老。言孝不言慈。闺门之内，戏而不叹。君子以此坊民，民犹有薄于孝而厚于慈。』

子云：『长民者，朝廷敬老、则民作孝。』子云：『祭祀之有尸也，宗庙之有主也，示民有事也。修宗庙，敬祀事，教民追孝也。以此坊民，民犹忘其亲。』

子云：『敬则用祭器。故君子不以菲废礼，不以美没礼。故食礼，主人亲馈则客祭，主人不亲馈则客不祭。故君子苟无礼，虽美不食焉。《易》曰：「东邻杀牛，不如西邻之禴祭，寔受其福。」《诗》云：「既醉以酒，既饱以德。」以此示民，民犹争利而忘义。』

子云：『七日戒，三日齐，承一人焉以为尸，过之者趋走，以教敬也。醴酒在室，醍酒在堂，澄酒在下，示民不淫也。尸饮三，众宾饮一，示民有上下也。因其酒肉，聚其宗族，以教民睦也。故堂上观乎室，堂下观乎上。《诗》云：「礼仪卒度，笑语卒获。」』

子云：『宾礼每进以让，丧礼每加以远。浴于中霤，饭于牖下，小敛于户内，大敛于阼，殡于客位，祖于庭，葬于墓，所以示远也。殷人吊于圹，周人吊于家，示民不偝也。』子云：『死，民之卒事也，吾从周。以此坊民，诸侯犹有薨而不葬者。』

子云：『升自客阶，受吊于宾位，教民追孝也。未没丧，不称君，示民不争也。故鲁《春秋》记晋丧曰：「杀其君之子奚齐，及其君卓。」以此坊民，子犹有弑其父者。』

子云：『孝以事君，弟以事长，示民不贰[3]也。故君子有君不谋仕，唯卜之日称二君。丧父三年，丧君三年，示民不疑也。父母在，不敢有其身，不敢私其财，示民有上下也。故天子四海之内无客礼，莫敢为主焉。故君适其臣，升自阼阶，即位于堂，示民不敢有其室也。父母在，馈献不及车马，示民不敢专也。以此坊民，民犹忘其亲而贰其君。』

子云：『礼之先币帛也，欲民之先事而后禄也。先财而后礼则民利，无辞而行情则民争，故君子于有馈者弗能见，则不视其馈。《易》曰：「不耕获，不灾畬，凶。」以此坊民，民犹贵禄而贱行。』

子云：『君子不尽利，以遗民。《诗》云：「彼有遗秉④，此有不敛穧，伊寡妇之利。」故君子仕则不稼，田则不渔，食时不力珍。大夫不坐羊，士不坐犬。《诗》云：「采葑采菲，无以下体。德音莫违，及尔同死。」以此坊民，民犹忘义而争利，以亡其身。』

子云：『夫礼，坊民所淫，章民之别，使民无嫌，以为民纪者也。故男女无媒不交，无币不相见，恐男女之无别也。以此坊民，民犹有自献其身。《诗》云：「伐柯如之何？匪斧不克。取妻如之何？匪媒不得。」「蓺麻如之何？横从其亩。取妻如之何？必告父母。」』

子云：『取妻不取同姓，以厚别也。故买妾不知其姓则卜之。以此坊民，鲁《春秋》犹去夫人之姓曰「吴」，其死曰「孟子卒」。』

子云：『礼，非祭，男女不交爵。以此坊民，阳侯犹杀缪侯而窃其夫人，故大飨废夫人之礼。』

子云：『寡妇之子，不有见焉，则弗友也，君子以辟远也。故朋友之交，主人不在，不有大故，则不入其门。以此坊民，民犹以色厚于德。』

子云：『好德如好色。诸侯不下渔色，故君子远色，以为民纪。故男女授受不亲。御妇人则进左手，姑、姊妹、女子已嫁而反，男子不与同席而坐。寡妇不夜哭。妇人疾，问之，不问其疾。以此坊民，民犹淫佚而乱于族。』

子云：『昏礼，婿亲迎，见于舅姑，舅姑承子以授婿，恐事之违也。以此坊民，妇犹有不至⑤者。』

【注释】

①父执：父亲的同辈。

②辟：君。忝：辱没。

③不贰：没有二心。

④秉：禾柄。

⑤不至：不随夫以行。

【译文】

孔子说：『君子不把父母的过失记恨在心，但对于父母的美德却要牢记在心。《论语》上说：「三年不改变父亲生前的主张，能够说是孝子了。」《尚书》上说：「高宗守丧三年，一句话都不讲；但是等到守丧期满一开口说话，就十分受人拥护。」』孔子说：『听从父母的教导毫不松懈，含蓄地劝谏父母柔声细气一点一点说，为父母担心而毫无怨言，这样的儿子能够称得上孝顺了。《诗经》上说：「孝子对父母的孝心是无止境的。」』

孔子说：『能与父族和母族之人和谐相处，也是行孝道。因此，君子总要每年举办合族祭祀与燕饮之礼。《诗经》说：「友好的兄弟，心情舒畅；不好的兄弟，彼此指责。」』孔子说：『对父母的友人，自己能够坐他的车，但不能穿他的衣服。君子以此扩展孝道。』孔子说：『对父母，小人都懂得供养。对于有教养的人来说，如果不敬，那与小人又有什么不同呢？』

孔子说：『父子尽管爵位相同也不能并列相处，这是表达敬意。《尚书》云：「君不像君，辱没了他的祖先。」』

孔子说：『父母健在，自己不得称「老」，自己只讲孝敬而不说如何慈爱晚辈。在家门之内，可说可笑，但不得有叹息之声。君子用这些礼法来规范民众，人们仍有自己不尽孝而重视疼爱子女的。』

孔子说：『统治民众的君主，如是能在朝廷上尊敬老人，那么民众就会遵奉孝顺之道。』孔子说：『祭祀的时候有代表神灵的尸，宗庙中设立先祖的神主牌位，这是向人们展示尊崇祭拜的对象。修筑宗庙，恭敬地进行祭祀之事，这是教导百姓追念先祖。君子用这种礼法来规范民众，民众中还是有忘记了自己的亲人的。』

孔子说：『为了表示对宾客的尊敬，就可以用祭器来款待。所以，君子不因家道贫穷而废除礼，也不因家道殷实而超过礼。所以食礼规定，主人亲自给客人布菜，客人就祭；主人不亲自给客人布菜，客人就不祭。所以，君子如果遇到无理的接待，即使是佳肴美味也不去吃。《易经》上说：「殷纣国中的杀牛之祭，还不如西边邻国中的杀猪礿祭，能够真正地得到神的保佑更实惠。」《诗经》上说：「不但请我喝醉了美酒，还亲自教我领略了美德。」用这种办法来教育百姓，百姓还有争利而忘义的。』

孔子说：『散斋七日，致斋三日，立一人为尸象征神灵加以侍奉，通过尸的面前要小步走，这一切都是为了教导人们对祖先对尊长的恭敬。醴酒在室，醍酒在堂，澄酒在堂下，这一切表示不能沉溺于酒食。祭祀时向尸敬酒三次，向宾客敬酒一次，这是为了向人们表达区分尊卑上下。又因祭祀之酒肉而聚集宗族，这是教育人们和睦相处。因此在祭礼中，堂上之人把室内之人作为榜样，堂下之人把堂上之人作为榜样。故《诗》云：「祭祀礼仪皆适度，人人笑语而相得。」』

孔子说：『迎宾的礼，每进一步宾主都要谦让，进门登阶、升堂，主人都向宾客揖让行礼，主宾互让，丧葬之礼，每行一次礼，死者就更加远离而去。初死洗浴尸体是在室中，饭含在内室南窗下，小殓在室门内，大殓在阼阶上举行，殡棺在西阶上，祖奠设在庭中，葬在墓穴，这样表示亲人逐渐远去。殷人在墓穴前吊丧，周人在死者家中吊丧，以此表示不背弃死者。』孔子说：『死，是人终结的事，我遵从周的丧礼。君子用这样的方法来对人们加以防范，诸侯还有死了而不得如期安葬的。』

孔子说：『葬毕回家之后，孝子还坚持从西阶升堂，在宾位受吊唁。这是教育人们不要马上忘掉亲人。三年之丧的守孝期限还没有完成，继承国君之位的儿子就不自称「国君」，这是显示做儿子的不是争着要当国君。因此，鲁国的《春秋》在登记晋国的丧事时说：「晋国大臣里克杀害了晋国国君的儿子奚齐，及其国君卓。」用这种办法来教导人们，还有儿子杀害他的父亲的。』

孔子说：『以孝亲之心服侍国君，以敬兄之心服侍长者，这都显示对君上与尊长不敢有二心。所以，国君的嗣子，当国君健在时不能获取职位，只有在代君占卜时才能称「君之副手」。为父守丧三年，为国君也守丧三年，显示敬重亲与国君，这是毫无疑义的。父母在，不敢私爱自身，不敢私藏财物，显示须有尊卑之别。因此，天子在四海之内没有作客之礼，由于天子为天下共主，各地诸侯都不敢作天子的主人。所以，国君到臣下家中，从主阶登堂，于堂上就位，表明臣下不敢认此堂室是私有的。父母尚健在，作为子女如有礼物馈赠他人，不得有车马等大件物品，表现自己不敢专断。君子这样教育规范人民，仍有忘其父母而于君王有二心的人。』

孔子说：『相见之礼，是在行过相见之礼之后才奉上见面的礼物。之所以要如此做，是要教导百姓先做事情而后接纳俸禄。先奉上见面的礼物然后再行相见之礼，就会造成百姓产生贪财之心。不加辞谢，见礼就收，就会造成百姓相争。因此，君子在有人馈赠礼物时，如果自己不能亲自接见，就不接纳对方的礼物。《易经》上说：「不耕而获，不开荒而获得良田，凶。」用这种办法来教导百姓，百姓还有重视利禄而轻视做事的。』

孔子说：『君子不把利益全都占有，要给百姓遗留一部分。《诗经》上说：「那里有保留下来的禾穗，这里有撒在地上的禾穗，这是让寡妇们随便捡拾的。」因此君子当官就不种地，田猎就不打鱼，一年四季有什么吃什么，不追逐山珍海味，大夫无故不杀羊，士无故不杀狗。《诗经》上说：「采获蔓菁采萝卜，叶子已摘取，不要连根取。昔日山盟莫忘记，与你生死不离别。」用这种办法来教导百姓，百姓还有由于忘义争利而丧生的。』

孔子说：『礼是用来防范人们贪淫好色的，明辨男女并加以区别。不然男女无别，族姓不明，就会产生嫌疑，因此把礼定为人们奉行的纲纪。因此男女之间，不经过媒人就不能交往，民众中还是有私自献身的。没有纳聘礼送出订婚币帛，男女不能私自相见，这是怕男女双方没有分别。君子用这种办法规范人们，人们还是有私奔的。《诗经》说：「要砍树做斧柄怎么办？没有斧头就不行。怎样才能娶到妻子呢？没有媒人不行。」「怎样才能种麻呢？那得先把地耕成纵横的田垅。怎样才能娶到妻子呢？必须先要禀告父母。」』

孔子说：『娶妻不娶同姓，为加大血缘的差别。为此，买妾如不知女方之姓，可用占卜决定是不是吉利。君子用这种办法来规范人们，但仍有娶同姓为妻者。如鲁国《春秋》记：昭公娶了同为姬姓的吴女而埋其姓（姬），只称「吴」。其死，亦只称「孟子卒」。』

孔子说：『礼法规定，不是祭祀，主人主妇不轮流敬酒。君子用这种办法规范人们，可是阳侯杀掉了缪侯而占有他的夫人。因此，诸侯大飨之礼就不要夫人参加了。』

孔子说：『寡妇的儿子，如果没有卓著的才艺，就不要和他交朋友。君子此避嫌疑。为此，朋友之间，如当主人不在家，则不是丧、病等重大原因就不进入他的家门。这样规范人们，民众还是好色超过好德。』

孔子说：『人们喜好道德之心，如果像喜好女色那样就好了。诸侯不应该在本国臣民中选择美女做妻妾。因此君子不贪女色，为百姓树立楷模。男女授受不亲。为妇人驾车，应当以左手在前。姑、姊妹、女儿出嫁以后又返回娘家，男子就不再和她们同席而坐。寡妇不应当在夜间哭泣。妇人有病，能够问她病是轻了还是重了，但不要问她患的是什么病。用这种办法来教导百姓，百姓还有纵欲放荡而在族人中乱伦的。』

孔子说：『根据婚礼的规定，新婿要亲自到女家迎娶，拜见岳父岳母，岳父岳母亲手把女儿交与新婿，并且千叮咛万嘱咐地要她到婆家之后孝顺听话。君子用这种办法来教导人们，可妇人中还有是不顺其夫、不行妇道的。』

中庸

天命之谓性，率性之谓道，脩道之谓教。道也者，不可须臾离也，可离非道也。是故君子戒慎乎其所不睹，恐惧乎其所不闻。莫见乎隐，莫显乎微。故君子慎其独也。

喜怒哀乐之未发，谓之中；发而皆中节①，谓之和。中也者，天下之大本也；和也者，天下之达道也。致中和，天地位焉，万物育焉。

仲尼曰：『君子中庸，小人反中庸。君子之中庸也，君子而时中②；小人之反中庸也，小人而无忌惮也。』

子曰：『中庸其至矣乎！民鲜③能久矣！』

子曰：『道之不行也，我知之矣，知者过之，愚者不及也。道之不明也，我知之矣，贤者过之，不肖者④不及也。人莫不饮食也，鲜能知味也。』

子曰：『道其不行矣夫。』

子曰：『舜其大知也与！舜好问而好察迩言⑤，隐恶而扬善，执其两端，用其中于民。其斯以为舜乎！』

【注释】

①中：符合的意思。节：节度的意思。

②时中：意为时时处处言行符合中庸之道。

③鲜：少。

④不肖者：原意为不像先人有良好品德的人。此处指不贤的人、卑贱之徒。

⑤迩言：浅近之言。

【译文】

上天赋予人的叫作『性』，遵循上天赋予的性而行动叫作『道』，把道加以修治并使众人仿效叫作『教』。道，是时刻不能离身的，如果能够离身，那就不是道了。因此，君子在人们看不见的地方也警戒慎重，在人们听不见的地方也还是畏惧小心。没有什么隐秘能够不被发现，没有什么小事能够不被显露，所以君子在一人独处的时候也非常小心谨慎。

人的喜怒哀乐还没表现出来，称为『中』；表现出来而又处处符合规范，称为『和』。中，这好像天下的最大根本；和，这是天下的普遍规律。达到了中和，天地就会有条不紊，万物才可发育生长。

仲尼说：『君子秉持中庸之道，小人反中庸之道。君子之所以能守中庸之道，是因为君子的行为随时都是合宜适中的；小人反中庸之道，因为小人肆无忌惮，任性妄为。』

孔子说：『中庸可以说是最高的道德标准了，可却很少有人能长久地实行它。』

孔子说：『中庸之道，之所以不能推广，我明白了：聪明的人做什么都过头，愚笨的人做啥都做不到。中庸之道的不能阐明，我知道了：贤能的人做什么都过头，不肖者做啥都做不到。人没有不饮食的，但很少有人能知味、品味、知道恰到好处的。』

孔子说：『唉！中庸之道大概是不能实行了！』

孔子说：『舜是最明智的人了吧！他不耻下问而且善于审察身边人的话，别人说错的他加以遮掩，别人说对的他加以赞扬，他对智与愚、过与不及两个极端都能把握调控，取其折中之道使愚智之民都能推行。这也许就是舜之所以为舜的道理吧！』

子曰：『人皆曰予知，驱而纳诸罟擭陷阱之中，而莫之知辟也。人皆曰予知，择乎中庸而不能期月[①]守也。』

子曰：『回之为人也，择乎中庸，得一善，则拳拳服膺[②]而弗失之矣。』

子曰：『天下、国、家可均也，爵禄可辞也，白刃[③]可蹈也，中庸不可能也。』

子路问强。子曰：『南方之强与？北方之强与？抑而强与？宽柔以教，不报无道，南方之强也，君子居之。衽金革，死而不厌，北方之强也，而强者居之。故君子和而不流，强哉矫④！中立而不倚，强哉矫！国有道，不变塞焉，强哉矫！国无道，至死不变，强哉矫！』

子曰：『素隐行怪，后世有述焉，吾弗为之矣。君子遵道而行，半涂而废，吾弗能已矣。君子依乎中庸，遁世不见⑤知而不悔，唯圣者能之。』

【注释】

①期月：一整月。

②服膺：谨记在心。

③白刃：锋利的刀刃。

④矫：通『蹻』，刚强、坚强。

⑤遁世：隐遁于世。见：被。

【译文】

孔子说：『人们都说自己聪明，但是在利欲的驱使下，他们却都像禽兽那样落入捕网、木笼和陷阱中，连躲避都不知道了。人们都说自己聪明，但是选择了中庸之道，连一个月也不能坚持下去。』

孔子说：『颜回为人，选择遵循中庸之道。他得到了这一善道之后，就牢牢地记在心中，一刻也不忘掉。』

孔子说：『天下国家可以治理好，官爵俸禄可以推辞掉，锋利的刀刃可以踩在脚下，但是中庸之道却是不容易做到的。』

子路向孔子求教什么是强。孔子说：『你问的是南方的强呢，还是北方的强？还是你自己的强？用宽容柔和来教诲人们，即使别人对自己无理，自己也不以牙还牙，这便是南方的强，君子就具有这种强。拿盔甲当卧席，兵器当枕头，战死不悔，这便是北方的强，刚强的人就具有这种强。因此，君子和顺而不随波逐流，这才是真正的强！中立而不偏不斜，这才是真正的强！国家有道之时，德行坚贞，不变正直，这才是真正的强！国家无道之时，到死也不改变志向才是真正的强！』

孔子说：『探取隐蔽的道理，做出诡异的行为，后世会对这种欺世盗名的行径有所称述，我不这样干。君子遵从正道而行，半途而废，我却不能停止下来。君子按照中庸之道行事，如果碰上无道之时隐遁于世，即便不被人知也不后悔。这只有圣人才能办到。』

君子之道费而隐①。夫妇之愚，可以与知焉。及其至也，虽圣人亦有所不知焉；夫妇之不肖，可以能行焉。及其至也，虽圣人亦有所不能焉。天地之大也，人犹有所憾，故君子语大，天下莫能载焉；语小，天下莫能破焉。《诗》云：『鸢飞戾天，鱼跃于渊。』言其上下察也。君子之道，造端乎夫妇，及其至也，察乎天地。

子曰：『道不远人，人之为道而远人，不可以为道。』

『《诗》云：「伐柯伐柯，其则不远。」执柯以伐柯，睨而视之，犹以为远。故君子以人治人，改而止。』

『忠恕违道不远，施诸己而不愿，亦勿施於人。』

『君子之道四，丘未能一焉：所求乎子，以事父未能也；所求乎臣，以事君未能也；所求乎弟，以事兄未能也；所求乎朋友，先施之未能也。庸②德之行，庸言之谨。有所不足不敢不勉，有余不敢尽；言顾行，行顾言；君子胡不慥慥尔！』

君子素其位而行，不愿乎其外。素富贵，行乎富贵；素贫贱，行乎贫贱；素夷狄，行乎夷狄；素患难，行乎患难；君子无入而不自得焉。

在上位不陵下，在下位不援上，正己而不求于人则无怨。上不怨天，下不尤人。故君子居易以俟命，小人行险以侥幸。子曰：『射有似乎君子，失诸正鹄[3]，反求诸其身。』

君子之道，辟如行远必自迩，辟如登高必自卑。《诗》曰：『妻子好合，如鼓瑟琴。兄弟既翕，和乐且耽。宜尔室家，乐尔妻帑。』子曰：『父母其顺矣乎！』

子曰：『鬼神之为德，其盛矣乎！视之而弗见，听之而弗闻，体物而不可遗。使天下之人齐明盛服，以承祭祀。洋洋乎[4]如在其上，如在其左右。《诗》曰：「神之格思，不可度思，矧可射思！」夫微之显，诚之不可揜如此夫！』

子曰：『舜其大孝也与！德为圣人，尊为天子，富有四海之内。宗庙飨之，子孙保之。故大德必得其位，必得其禄，必得其名，必得其寿。故天之生物，必因其材而笃焉。故栽者培之，倾者覆之。《诗》曰：「嘉乐君子，宪宪令德！宜民宜人，受禄于天。保佑命之，自天申[5]之！」故大德者必受命。』

子曰：『无忧者其惟文王乎！以王季为父，以武王为子，父作之，子述之[6]。武王缵大王、王季、文王之绪，壹戎衣而有天下，身不失天下之显名。尊为天子，富有四海之内。宗庙飨之，子孙保之。』武王末受命，周公成文、武之德，追王大王、王季，上祀先公以天子之礼。斯礼也，达乎诸侯、大夫，及士、庶人。父为大夫，子为士，葬以大夫，祭以士；父为士，子为大夫，葬以士，祭以大夫。期之丧达乎大夫，三年之丧，达乎天子，父母之丧无贵贱，一也。

子曰：『武王、周公，其达孝矣乎！夫孝者，善继人之志，善述人之事者也。春秋修其祖庙，陈其宗器，设其裳衣⑦，荐其时食。

『宗庙之礼，所以序昭穆也；序爵，所以辨贵贱也；序事，所以辨贤也；旅酬下为上，所以逮贱也；燕毛，所以序齿也。』

『践其位，行其礼，奏其乐，敬其所尊，爱其所亲，事死如事生，事亡如事存，孝之至也。』

『效社之礼，所以事上帝也；宗庙之礼，所以祀乎其先也。明乎郊社之礼、禘尝之义，治国其如示诸掌乎。』

【注释】

①费：广大。隐：细微。

②庸：平常，平凡。

③失诸正鹄：射不着中心。鹄（gǔ），箭靶中心圆圈。古时画布称正，画在皮上称鹄。

④洋洋乎：朱熹注，『洋洋，流动充满之意。』意为，流动着，充满着。

⑤申：重复。

⑥作：开创。述：继承。

⑦裳衣：指祖宗生前穿的衣裳。

【译文】

君子之道，博大而又隐微。即使是普通的男男女女，也能够知其一二，如果说到它的至深至精的道理，即便是圣人也有所不知。普通的男男女女也能做好一些事，如果说能把事情做到至善至美、至深至精，即便是圣人也有所不能。天地这么大，人们尚且感到有所怨恨。因此，君子所说的大事，先王之道，整个天下都不能承载它；所说的小事，整个天下也无人可以剖析。《诗经》上说：『「老鹰振翅飞上天，鱼儿游动在深渊。」这是说圣人之德昭显于天地。君子之道，从普通男男女女的所知所行开始，一直到至深至精、至善至美，则昭显于天地之间。』

孔子说：『道不能远离于人，如果人所推行的道远离于人，那就不能够作为道了。』

『《诗经》上说：「抡斧伐木做斧柄，斧柄的样式离你不远。」手握斧柄去伐木，你斜着眼就能看见斧柄的样式，可你还是觉得它离得很远。因此君子治人，有过能改，也就不再责罚。』

『宽恕的精神离道不远，自己都不肯干的事，也不要让别人去干。』

『君子之道有四个方面，我一个方面都没有办到：要求儿子对我行孝道，我应当先对父亲办到，这一条我还没有办到；要求下属对国君尽忠尽职，我应当先对国君办到，这一条我还没有办到；要求弟弟对兄长遵行悌道，我应当先对哥哥办到，这一条我还没有办到；要求朋友对自己做的事，我应当先对朋友办到，这一条我还没有办到。道德要遵行，言论要慎重，如果自己的才能还有不足，不敢不努力自勉；如果自己的才能绰绰有余，也不敢把本领用完。说话要顾及行动，行动要顾及说话。办到了这一点，岂不是一个言行一致的忠实君子吗？

君子总是按照他现在所处的地位办事，而不爱慕自己地位以外的事情。现在如果富贵的，则按富贵者的身份办事；现在处于贫贱的，则按贫贱者的身份办事；现在如果是夷狄，则按夷狄的身份办事；现在如果是患难之中，则按患难者的身份办事：君子没有一个地方不能践行自己的志向和责任。

例如，居于上位，不压迫下属；居于下位，不攀附上级，只要求自己行为正直端正而不苛求别人，这样就能没有怨恨；上不怨天，下不怪罪别人。因此君子处于平易之中以等候天命。而小人则铤而走险希望幸运成功。孔子说：『射箭很像君子之道：没有射中靶心，反过来要检查自己。』

君子要遵循的道，就像走远路，一定要从近处出发；就像登高山，一定要从低处开始。《诗经》说：『同妻儿相亲相爱，就像弹奏琴瑟一样和谐。和兄弟相处和睦，和气安乐感情深厚。你建立美好的家庭，使家人快乐无忧。』孔子说：『能够这样，父母大概就称心如意了。』

孔子说：『鬼神之德，真是盛大啊！虽然看也看不见，听也听不见，但又体现在万物之中而不可忽视它的存在。使天下的人都斋戒沐浴，身着盛服，恭恭敬敬地从事祭祀。它无所不在啊！既好像在人们的头上，又好像在人们的左右。《诗经》上说：「神鬼的降临，不能进行揣测，岂敢懈怠厌倦！」神鬼无形却到处显灵，神鬼不言却报应不爽，确实这样。』

孔子说：『舜是多么孝顺啊！他德行高尚，是位圣人；他地位尊贵，是位天子；他资财显赫，拥有天下的财富。宗庙祭祀他，子孙守护着他的基业。所以有了圣人的德行，一定会得到与之相匹配的高位，一定会得到厚禄，一定会得到百姓的称颂，也一定会长命百岁。所以上天孕育万物，一定要根据不同的资质来厚待它。所以，可以栽植的树木就细心培养它，将要倾倒的树木就淘汰它。《诗经》说：「快乐的君子啊，他的德行光明显耀。养育万民养育万人，所以能够接受上天所赐予的福禄。上天会保佑他做天子，生生不息，代代相传。』所以上天一定会眷顾安排道德高尚的人。」

孔子说：『无忧无虑的人，可能只有文王吧！有王季做他的父亲，有武王做他的儿子，父亲为他开辟了基业，儿子又承袭了他的事业。武王继承了太王、王季、文王的未竟之业，一用兵就战胜了殷纣而夺取了天下，自身又没有失去天下的美名。论高贵身为天子，论财富拥有四海之内，宗庙中享受祭奠，子孙也托福受到庇佑。武王在晚年才受命为天子，周公成就了文王、武王的愿望，追尊大王、王季为王，对太王以上的列祖列宗用天子之礼祭祀。这种礼仪，通用于诸侯、大夫、士及庶人。父亲是大夫，儿子是士，父亲去世用大夫之礼安葬，用士礼祭祀；父亲是士，儿子是大夫，父亲死后用士礼安葬，用大夫之礼祭祀。对旁系亲属一年丧服的服丧，从庶人起，到大夫为止；对父母三年之丧的服丧，下从庶人，上到天子，父母之丧，不管儿子的身份是贵是贱，丧期都是相同的。』

孔子说：『武王和周公可以说是通达孝道的人了。孝就是很好地继承先祖的遗志，很好地完成先祖的事业。春、秋时节，整理祖庙，陈列宗器，摆设先祖留下的衣裳，进献当令的食品。』

『宗庙的祭礼要排列昭穆的次序；排列爵位的次序，是要区分贵贱；排列执事人的次序，是要区分各人的贤能；晚辈给长辈举杯劝酒，是为了把恩惠延及年幼的人；祭祀完毕后的宴饮按发色排列的座次，是为了表明年龄长幼。』

『站在应站的位置上，举行先王传下的祭礼，演奏先王时代的音乐，尊敬先王所尊敬的祖先，亲爱先王所亲爱的臣民，侍奉死者就像侍奉生者，侍奉已亡者如同侍奉现存者，这才是尽孝到极点了。』

『举行郊社祭祀是为了侍奉上帝；宗庙的侍奉是为了祭祀祖先。明白了郊、社祭，禘、尝祭礼的意义，那么治理国家就像看手掌上的东西那样容易啊！』

哀公问政。子曰：『文、武之政，布在方策。其人存，则其政举；其人亡，则其政息。人道敏政，地道[1]敏树。夫政也者，蒲卢也。』

『故为政在人，取人以身，修身以道，修道以仁。仁者，人也，亲亲为大；义者，宜也，尊贤为大。亲亲之杀[2]，尊贤之等，礼所生也。』

『在下位不获乎上，民不可得而治矣！故君子不可以不修身；思修身，不可以不事亲；思事亲，不可以不知人；思知人，不可以不知天。』

『天下之达道五，所以行之者三：曰君臣也，父子也，夫妇也，昆弟也，朋友之交也，五者天下之达道也。知、仁、勇三者，天下之达德也，所以行之者一也。』

『或生而知之，或学而知之，或困而知之，及其知之一也。或安而行之，或利而行之，或勉强而行之，及其成功一也。』

子曰：『好学近乎知，力行近乎仁，知耻近乎勇。』

『知斯三者，则知所以修身；知所以修身，则知所以治人；知所以治人，则知所以治天下国家矣。』

『凡为天下国家有九经，曰：修身也，尊贤也，亲亲也，敬大臣也，体群臣也，子庶民也，来百工也，柔远人也，怀诸侯也。』

『修身则道立，尊贤则不惑，亲亲则诸父昆弟不怨、敬大臣则不眩，体群臣则士之报礼重，子庶民，则百姓劝，来百工则财用足，柔远人则四方归之，怀诸侯则天下畏之。』

『齐明盛服，非礼不动，所以修身也；去谗远色，贱货而贵德，所以劝贤也；尊其位，重其禄，同其好恶，所以劝亲亲也；官盛任使，所以劝大臣也；忠信重禄，所以劝士也；时使薄敛，所以劝百姓也；日省月试，既禀称事，所以劝百工也；送往迎来，嘉善而矜不能，所以柔远人也；继绝世，举废国，治乱持危，朝聘以时，厚往而薄来，所以怀诸侯也。凡为天下国家有九经，所以行之者一也。』

『凡事豫则立，不豫则废。言前定则不跲[3]，事前定则不困，行前定则不疚，道前定则不穷。』

『在下位不获乎上，民不可得而治矣。获乎上有道：不信乎朋友，不获乎上矣。信乎朋友有道：不顺乎亲，不信乎朋友矣。顺乎亲有道：反诸身不诚，不顺乎亲矣。诚身有道：不明乎善，不诚乎身矣。』

『诚者，天之道也；诚之者，人之道也。诚者不勉而中，不思而得，从容中道，圣人也。诚之者，择善而固执之者也。』

『博学之，审问之，慎思之，明辨之，笃行之。有弗学，学之弗能弗措也；有弗问，问之弗知弗措也；有弗思，思之弗得弗措也；有弗辨，辨之弗明弗措也；有弗行，行之弗笃弗措也。人一能之己百之，人十能之己千之。果能此道矣，虽愚必明，虽柔必强。』

【注释】

①地道：谓以沃土种植的道理。

②杀：差别。

③跆：结结巴巴。

【译文】

鲁哀公向孔子求教为政的道理。孔子说：『文王、武王的行政情况都登记在典籍上，他们在世其政治就能施行，他们去世，则其政也跟着停息了。人之道在于迅速地推行治国之法，地之道在于迅速地种植树木。国家的政治，就好像土蜂必须依靠螟蛉生殖一样。』

所以为政的根本在于得到贤人，而要得到贤人又必须依靠修养自身，修养自身要依靠遵循道德，而遵循道理就要依靠仁。所谓仁，就是爱人，亲近自己的亲人最为重要；所谓义，就是适宜，尊敬贤人最为重要。亲情根据亲疏而有差别，尊敬贤人根据尊卑贵贱要有等级，有差别、有等级就产生了礼。

『身居下位而得不到上层的信任，百姓就不能归附并治理！因此，君子不能不修养自身；想修养自身，不可不敬事双亲；想敬事双亲，不能不了解人的本性；想了解人的本性，又不能不明白天理。』

『如此说来，天下最根本的人际关系有五种，但其用以使五种人际关系和谐协调的美德只有三种。五种人际关系就是：君臣关系，父子关系，夫妇关系，兄弟关系和朋友关系。这五种是天下最基本的关系。智慧、仁爱、勇敢这三种是天下最根本的美德，是用来协调各种人际关系的行为原则。』

『对此五项人际关系，有的人是天生就明白的，有的人是学习明白的，有的人则是在生活实践中不断克服困难而逐步明白的，但只要能明白则是一样的。而人们对三项道德准则，有的人是出自内心而行，有的人是出自利害关系而行，有的人则是没有办法勉强而行，但只要能实行而获取成功还是一样的。』

孔子说：『爱好学习的人接近智者，努力行善的人接近仁者，知道羞耻的人接近勇者。』

『知道这三项的人，就知道怎样提高自身的品德修养；知道怎样提高自身的品德修养，就知道怎样治理百姓了；知道怎样治理百姓了，就知道怎样去治理天下国家了。』

『大凡治理天下国家有九条常规，那就是：努力提高自身的品德修养，尊重贤人，爱护自己的亲人，敬重大臣，体恤众臣，像爱自己的儿子那样去爱人民，召集各种工匠以资国用，怀柔远方之人，安抚四方的诸侯。』

『能够提高自己的品德修养，就能树立一个良好的道德典范；能够尊重贤人，遇事就不会困惑；能够爱自己的亲人，就不会使叔伯、兄弟产生怨恨；能够尊敬大臣，在处理事情时就不会感到迷惑不定；能够体恤众臣，那些为士的人就会重重报答恩德；能够做到爱民如子，百姓们就会更加勤奋努力；能够召集各种工匠，就可以使国家财物充足；能够怀柔远方之人，四方的人都会归顺；能够安抚各国诸侯，全天下的人都会自然敬畏服从。』

『必须内心虔诚外表端庄，不符合礼节的事绝不要去干，这才是提高自身品德修养的方法；摒弃那些谗佞小人的坏话，远离那些诱人的女色，轻视钱财货物，珍视道德品质，这才是劝勉贤人的最好方法；加升亲人的爵位，令亲人俸禄丰厚，与亲人的喜好厌恶相同，以此劝勉亲属；官位配置充足，属员足备使用，以此劝勉大臣；对待士要讲究「忠」「信」，并以厚禄供养他们，这才是劝勉士为国效力的好方法；役使百姓要适时，赋税征收要减轻，这才是劝勉百姓努力从事生产的好方法；天天省视工匠的工作情况，月月考查他们的技术本领，发给他们的口粮要与他们的劳绩相称，这才是劝勉各种工匠努力工作的好方法；对于远方的人，要盛情相迎，热情相送，对其中有善行的人要给予嘉奖，对其中能力薄弱的人要给予同情，以此怀柔远方之人；延续已经绝禄的世家，振兴废亡的国家，整顿已经混乱的秩序，扶救处于危难之中的国家，按时遣使朝聘，贡礼薄收，赏赐厚重，这才是安抚四方诸侯的好方法。大凡治理天下国家有九条常规，但是，实行这些常规的方法都是一样的。』

『凡做事如果预先准备就能成功，没有预先准备就会失败。发言前预先做好准备就不会讲起来结结巴巴，做事前预先做好准备就不会困窘不顺，采取行动前预先做好准备就不会错误百出，行路前预先做好准备就不会途穷末路。』

『职位卑下，又得不到君上的信任，是不能够把百姓治理好的。要获得君上的信任是有办法的，首先要得到朋友的信任；如果得不到朋友的信任，也就得不到君上的信任了。要得到朋友的信任是有方法的，首先要孝顺父母，如果不孝顺父母，也就得不到朋友的信任了。要孝顺父母也是有方法的，首先要反省自己是不是真心诚意；如果不是真心诚意，也就做不到孝顺父母了。要使自己真心诚意也是有方法，首先要懂得什么是善；如果不懂得什么是善，也就不能使自己真心诚意了。』

『诚，是上天赋予人们的道理；要做到「诚」，也是做人的道理。真诚的人，不必勉强，他为人处事自然合理；不必苦苦思索，他言语行动就恰好得当；他的举止，不偏不倚，符合中庸之道。这种人就是我们所说的「圣人」。要实行诚，就必须选择至善的道理，并且坚守不渝才行。』

『广博地学习，谨慎地询问，仔细地思考，清楚地分辨，笃实地践行。因故而未能学习，或者学习而未领会就不放下；因故而未能询问，或询问而未明白则不放下；因故而未能思考，或思考而未通达则不停息；因故而未能辨识，或辨识而不明确则不放弃；因故而未能践行，或践行而不彻底则不停顿。别人一次能成功，我用一百次；别人十次能办到，我用一千次。如果真能照此去努力，尽管愚昧的人也一定能聪明，柔弱的人一定能刚强。』

自诚明[①]，谓之性；自明诚，谓之教。诚则明矣，明则诚矣。

惟天下至诚，为能尽其性；能尽其性，则能尽人之性；能尽人之性，则能尽物之性；能尽物之性，则可以赞天地之化育；可以赞天地之化育，则可以与天地参矣。

其次致曲。曲能有诚，诚则形，形则著，著则明，明则动，动则变，变则化[②]，惟天下至诚为能化。

至诚之道，可以前知。国家将兴，必有祯祥；国家将亡，必有妖孽。见乎蓍龟，动乎四体。祸福将至：善，必先知之；不善，必先知之。故至诚如神。

诚者自成也，而道自道也。诚者物之终始，不诚无物。是故君子诚之为贵。诚者非自成己而已也，所以成物也。成己，仁也；成物，知也。性之德也，合外内之道也，故时措之宜也[③]。

故至诚无息。不息则久，久则征，征则悠远，悠远则博厚，博厚则高明。博厚，所以载物也；高明，所以覆物也；悠久，所以成物也。博厚配地[④]，高明配天，悠久无疆。如此者，不见而章，不动而变，无为而成。

天地之道，可壹言而尽也。其为物不贰，则其生物不测。天地之道，博也厚也，高也明也，悠也久也。

今夫天，斯昭昭之多，及其无穷也，日月星辰系焉，万物覆焉。今夫地，一撮土之多，及其广厚，载华岳而不重，振河海而不泄，万物载焉。今夫山，一卷石之多，及其广大，草木生之，禽兽居之，宝藏兴焉。

今夫水，一勺之多，及其不测，鼋鼍、蛟龙、鱼鳖生焉，货财殖焉。

《诗》云：『维天之命，於穆不已！』盖曰天之所以为天也。『於乎不显！文王之德之纯！』盖曰文王之所以为文也，纯亦不已。

大哉圣人之道！洋洋乎发育万物，峻极于天。优优⑤大哉！礼仪三百，威仪三千，待其人然后行。故曰：苟不至德，至道不凝焉。故君子尊德性而道问学，致广大而尽精微，极高明而道中庸。温故而知新，敦厚以崇礼。

是故居上不骄，为下不倍。国有道，其言足以兴，国无道，其默足以容。《诗》曰：『既明且哲，以保其身。』其此之谓与！

【注释】

①自诚明：指明白道理。自，由，从。明，明白。

②化：感化不知其所以然者。

③时措之宜也：见诸施行，无不相宜。措，用，实施。

④配地：与地有相同功效。

⑤优优：和适，宽裕。

【译文】

由内心真诚达到明晓道理，这叫作『天性』。由明晓道理达到内心真诚，这叫作『教化』。内心真诚就会明晓道理，明晓道理就会内心真诚。

只有天下最真诚的人，才能完全发挥自己的天性；能完全发挥自己的天性，才能完全发挥他人的天性；能完全发挥他人的天性，才能完全发挥万物的天性；能充分发挥万物的天性，就可以帮助天地化育万物，可以与天地匹配，并立而为三了。

贤人只能从点滴小事开始做，在点滴小事上能有至诚；有了至诚就会体现出来，体现出来就会日益显著；日益显著就会放大光明，放大光明就会感动人心；感动人心就会变恶为善，变恶为善就会使人脱胎换骨。只有天下至诚的贤人才可化恶为善，改变风俗，使天下大治。

心怀至诚，就能够预知未来。国家将要兴盛，一定有吉祥的预兆；国家将要灭亡，一定有妖异的前征。反映在占卜的蓍草、龟甲中，体现在人们的仪容、举止上。祸福将要到来的时候：是福，一定预先知道；是祸，也一定预先知道。因此，心怀至诚的人就像神明一样。

真诚是人的自我完善，而道是自己践行实现。真诚，贯穿于一切事物的始终，没有真诚就没有万物，因此君子以真诚为贵。真诚，并非只是自我完善而已，还要用来成就万物。自我完善，是仁义的表现；成就万物，是智慧的体现。天赋的真诚品德，是结合了天地内外的道理，因此随时运用而无不适宜。

至诚之道是生生不息的。不息则久远，久远则不断得到验证；不断得到验证则永存，永存则广博深厚，广博深厚则高大光明。广博深厚所以载万物，高大光明所以普照万物，久远永存所以成就万物。广博深厚与地相合，高大光明与天相合，久远永存即无限。圣人之德就是如此博厚、高明、悠长，无所表现就功业显著，无所动作就改变万物，无所作为就能有所成就。

天地之间的道可用一个『诚』字来概括。天地对待万物是诚一不二的，就能生育万物而高深莫测。天地之道，广博而深厚，高大而光明，悠远而长久。

现在的这个天，最初只是一点点微光，等到它变得无穷无尽，日、月、星辰悬挂于其上，万物覆盖于其下。现在的这个地，最初只是一撮撮土，等到它变得广博深厚，承载华岳而不觉得沉重，容纳黄河大海而不泄漏，万物都承载其上。现在的这个山，最初只是拳头大小的一块石头，等到它变得广阔高大，草木在上面生长，禽兽在山中居住，宝藏从里面产出。现在的这个水，最初只是一小勺，等到它变得深不可测，鼋鼍、蛟龙、鱼鳖都在其中生活，各种财物货品都在其中产生。

《诗经》说：『上天之命，光辉久远而生生不息。』这正是说的天之所以为天的道理。『呜呼！多么显著，文王之德多么纯粹不杂！』这正是说文王之所以叫作『文』，就在于其德教始终没有休止停息。

『伟大啊，圣人之道！充满世界，孕育万物，高达于天。真伟大啊！礼的大纲三百条，礼的细则三千条，必定要等到圣人出来才可实行。因此说：如果不是具备至高无上道德的人，圣人的至善之道就不能实行。因此君子尊崇圣人的至诚之性，并通过勤学来实现；既要达到犹如地德的广博深厚，又要精微；既要达到犹如天德的高大光明，又要遵从中庸之道；温习旧有的知识，从而得到新的体会；为人敦厚而重视礼仪。

因此，身居上位而不骄傲，身居下位而不叛离。如果国家政治清明，他的积极建议足以使国家昌盛；如果国家政治黑暗，他的沉默不语也足以使他保护自身。《诗经》上说：「既懂得道理而又洞察是非，就能够保全自身。」不就是说的这个道理吗！』

子曰：『愚而好自用①，贱而好自专，生乎今之世，反古之道。如此者，灾及其身者也。』

非天子，不议礼，不制度，不考文。今天下车同轨，书同文，行同伦。虽有其位，苟无其德，不敢作礼乐焉；虽有其德，苟无其位，亦不敢作礼乐焉。

子曰：『吾说夏礼，杞不足征也；吾学殷礼，有宋存焉；吾学周礼，今用之，吾从周。』

『王天下有三重焉，其寡过矣乎！上焉者虽善无征，无征不信，不信民弗从；下焉者虽善不尊，不尊不信，不信民弗从。故君子之道本诸身，征诸庶民，考诸三王而不缪，建诸天地而不悖，质诸鬼神而无疑，百世以俟圣人而不惑。质诸鬼神而无疑，知天也；百世以俟圣人而不惑，知人也。是故君子动而世为天下道，行而世为天下法，言而世为天下则。远之则有望②，近之则不厌。《诗》曰：「在彼无恶，在此无射；庶几夙夜，以永终誉！」君子未有不如此而蚤有誉于天下者也。』

仲尼祖述尧、舜，宪章③文、武；上律天时，下袭水土。辟如天地之无不持载，无不覆帱，辟如四时之错行，如日月之代明。万物并育而不相害，道并行而不相悖。小德川流，大德敦化。此天地之所以为大也。

唯天下至圣，为能聪明睿知，足以有临也；宽裕温柔，足以有容也；发强刚毅，足以有执也；齐庄中正，足以有敬也；文理密察，足以有别也。溥④博渊泉，而时出之。溥博如天，渊泉如渊。见而民莫不敬，言而民莫不信，行而民莫不说。是以声名洋溢乎中国，施及蛮貊；舟车所至，人力所通，天之所覆，地之所载，日月所照，霜露所队。凡有血气者，莫不尊亲，故曰配天。

唯天下至诚，为能经纶天下之大经，立天下之大本，知天地之化育。夫焉有所倚？肫肫⑤其仁，渊渊其渊，浩浩其天！苟不固聪明圣知达天德者，其孰能知之？

《诗》曰：『衣锦尚絅。』恶其文之著也。故君子之道，闇然而日章；小人之道，的然而日亡。君子之道：淡而不厌，简而文，温而理，知远之近，知风之自，知微之显，可与入德矣。《诗》云：『潜虽伏矣，亦孔之昭！』故君子内省不疚，无恶于志。君子所不可及者，其唯人之所不见乎！

《诗》云：『相在尔室，尚不愧于屋漏。』故君子不动而敬，不言而信。

《诗》曰：『奏假⑥无言，时靡有争。』是故君子不赏而民劝，不怒而民威于铁钺。

《诗》曰：『不显惟德！百辟其刑之。』是故君子笃恭而天下平。

《诗》曰『予怀明德，不大声以色。』子曰：『声色之于以化民，末也。』《诗》曰：『德辅如毛。』毛犹有伦。『上天之载，无声无臭。』至矣！

【注释】

①自用：只凭自己主观意图行事，不虚心向别人求教。

②有望：有仰慕之心。

③宪章：效法，模仿。

④溥：普遍，广阔。

⑤肫肫：诚挚的样子。

⑥奏假：在宗庙中演奏大乐。

【译文】

孔子说：『愚蠢的人爱只凭主观意图行事，卑贱的人好独断专行，生活在当今时代，却偏要去恢复古代的制度，像这样的人，灾祸一定要降临在他的身上。』

不是天子，不敢议论礼制，不敢制定法度，不敢考核文字，现今天下统一，车辙的距离相同，书写的文字相同，实行的伦理道德也相同。虽然有天子的地位，但如果没有天子的德行，是不敢轻易制礼作乐的；虽然有天子的德行，但如果没有天子的地位，也不敢轻易去制礼作乐。

孔子说：『我解说夏代的礼法，但由于它的后代已经衰亡，现在只有一个杞国存在，所以不足以验证。我学习殷代的礼法，现只还有它的后代宋国保持着。我学习周代的礼法，现今正实行着它，因此，我遵从周朝的礼法。』

『称王天下的人有三件重要的事做好了，大概就能够少犯错误了。周代之前的一套规矩尽管很好却无从验证，无法验证则百姓不信，百姓不信也就不会遵守；处在下位的圣人虽然懂礼，但其地位不尊，地位不尊则百姓不信，百姓不信也就不会遵守。因此，君子治理天下的办法，应当是首先从自身出发，然后在百姓中得到验证，再考教于三王而没有错误，立于天地之间而不悖逆，质询于鬼神而没有怀疑，百世以后等到圣人核验也提不出不同建议。质询于鬼神而没有疑问，这是明白天理；百世以后等到圣人核验也提不出不同建议，这是明白人情。所以君子的任何举动都被后世奉为天下的常规，君子的任何行事都被后世称为天下的法则，君子的任何言论都被后世奉为准则。远离君子，则有崇敬之心，靠近君子，则无厌烦之意。《诗经》上说：「在那里无人憎恶，在这里无人讨厌。从早到晚不松懈，交口称赞美名传。」君子没有一个不是这样做了之后才早早地名扬天下的。』

仲尼称述继承尧舜传统，遵循发扬文武之道；上仿效天时，下顺应地利。就像天地无不载于万物，无不覆盖万物；又如同四季交错运行，日月交替。从而使万物并育而不彼此侵害，道并行而不相背离，小德如川流，脉络清楚；大德育万物，这就是天地之所以伟大的原因。

只有天下最伟大的圣人才能做到聪明睿智，足以临照天下；仁厚温柔，足以容纳万物；坚强刚毅，足以执掌事物；端庄正直，足以令人恭敬服从；条理分明，详审明察，足以分辨是非。圣人之德，博大精深，适时地表现出来。其博大就像苍天，其精深就像深渊。他一出现，百姓就无不恭敬。他一说话，百姓就无不信服。他一行动，百姓就无不欢喜。所以他的声名不但弘扬华夏大地，而且传扬到少数民族聚居的远方。凡是车船能行驶到的地方，凡是人的足迹所能到的地方；只要是苍天遮蔽之处，大地承载之处，日月所照之处，霜露所降之处；凡是有血气的生命，无不尊重他，无不亲近他，所以说圣人之德能够与天媲美。

只有天下至诚的人，才能成为治理天下的崇高典范，才能树立天下的根本法则，掌握天地化育万物的深刻道理，这需要什么依靠呢！他的仁心那样诚挚，他的思虑像潭水那样幽深，他的美德像苍天那样广阔。如果不真是聪明智慧，通达天赋美德的人，还有谁能知道呢？

《诗经》上说：『身穿锦服罩单衣。』这是厌恶锦服的花纹太招眼。因此君子之道，刚一开始不太明显，时间长了却日益彰显；小人之道，刚一开始光芒四射，时间长了却逐渐消亡。君子之道：看似淡薄而实则醇厚，使人不厌，朴实而有文采，温和而有条理，由近而知远，溯流而知源，见著而知微，这样就能够说是进入圣人之德的境界。

《诗经》上说：『虽然潜伏水底，仍被看得分明。』因此君子自我反省，问心无愧，也无损自己的志向。君子所不能企及之处，大概就是在人们看不见的地方也能够严于律己吧！

《诗经》上说：『看你单独处于室内，做事还可无愧神明。』因此君子无所举动就能令人尊敬，不用说话就能让人信服。

《诗经》上说：『金声玉振众肃静，此时此刻没有喧哗，没有争讼。』因此君子不用颁发赏赐，百姓就受到了激励；不用发怒，百姓就感觉比刑罚还要威严。

《诗经》上说：『文王之德多么显耀，四方诸侯都要仿效。』因此，君子忠实恭敬就能使天下太平。

《诗经》上说：『我归心于明德的文王，他从不疾言厉色。』孔子说：『用疾言厉色去教导百姓，这是下策。』

《诗经》上说：『以德化民，轻易如鸿毛。』毛虽轻犹有重量，用毛打比方仍未尽其妙，对于『上天的造生万物，人们既不能听到它的声音，也不能闻到它的气味』，那才是至高无上的境界啊！

表记

子言之：『归乎！君子隐而显，不矜而庄，不厉而威，不言而信。』

子曰：『君子不失足于人，不失色于人，不失口于人。是故君子貌足畏①也，色足惮也，言足信也。《甫刑》曰：「敬忌而罔有择言在躬。」』

子曰：『裼、袭之不相因②也，欲民之毋相渎也。』

子曰：『祭极敬，不继之以乐。朝极辨，不继之以倦。』

子曰：『君子慎以辟祸，笃以不揜，恭以远耻。』

子曰：『君子庄敬日强，安肆日偷。君子不以一日使其躬儳焉如不终日。』

子曰：『齐戒以事鬼神，择日月以见君，恐民之不敬也。』

子曰：『狎侮死焉而不畏也』。

子曰：『无辞不相接也，无礼不相见也，欲民之毋相亵也。《易》曰：「初筮告，再三渎，渎则不告。」』

子言之：『仁者，天下之表也；义者，天下之制也；报者，天下之利也。』

子曰：『以德报德，则民有所劝。以怨报怨，则民有所惩。《诗》曰：「无言不雠，无德不报。」《大甲》曰：「民非后，无能胥以宁；后非民，无以辟四方。」』

子曰：『以德报怨，则宽身之仁也；以怨报德，则刑戮之民也。』

子曰：『无欲而好仁者，无畏而恶不仁者，天下一人而已矣。是故君子议道自己，而置法以民。』

子曰：『仁有三，与仁同功而异情。与仁同功，其仁未可知也。与仁同过，然后其仁可知也。仁者安仁，知者利仁，畏罪者强仁。仁者右也，道者左也。仁者人也，道者义也。厚于仁者薄于义，亲而不尊；厚于义者薄于仁，尊而不亲。道有至、义、有考③。至道以王，义道以霸，考道以为无失。』

子言之：『仁有数，义有长短小大。中心憯怛，爱人之仁也。率法而强之，资④仁者也。《诗》云：「丰水有芑，武王岂不仕？诒厥孙谋，以燕翼子。武子烝哉！」数世之人也。《国风》曰：「我今不阅，皇恤我后。」终身之仁也。』

【注释】

①畏：敬惧。

②因：沿袭、承接。
③考：成功。
④资：取。

【译文】

孔子说：「还是回去吧！君子尽管隐居林泉，但道德弘扬，声名显著，不需故作矜持而自然端庄，不需故作严厉而自然让人生畏，不必讲话而人们自然信任。」

孔子说：「君子的一举一动，都不让别人感觉有失礼仪；一颦一笑，都不让别人感觉有失礼仪，一言一语都不让别人感觉有失礼仪。因此君子的容貌足以让人生畏，神色足以让人畏惧，言论足以让人信服。《甫刑》上说：『外貌恭敬，内心谨慎，那些挑剔的言语就不会加在自己身上。』」

孔子说：「在行礼过程中，有时以显露裼衣为敬，有时以盖好上服不显露裼衣为敬，这样做的目的，是要民众不要亵渎了礼。」

孔子说：「祭礼要求尽量表示敬意，虽有饮酒之事，但也不可以欢乐告终。朝廷上的政事要求尽量办好，不能因为劳神而草草了事结束。」

孔子说：「君子以行为谨慎来免除祸患，以笃实厚道来免除窘迫，以恭敬谦让来免除耻辱。」

孔子说：「君子端庄严肃，德行才能日进于强；小人安乐放肆，必日益苟且。君子对自己不能有一日怠慢不检，以致像小人那样惶惶不能终日。」

孔子说：「以斋戒侍奉鬼神，择好日期朝见君主，这都是恐怕人们失去恭敬之心。」

孔子说：『有的人因轻狎侮慢而死，但仍不知畏惧。』

孔子说：『没有言语不相接，不用礼物不相见，这是要使人们不要互相轻慢失敬。《易》说：「首次卜问（神）即告语。如重复卜问，就是对神明的亵渎，亵渎了神明，神明就不会再告知吉凶了。」』

孔子说：『仁是天下人的标准仪范，义是天下人的行为法度，礼是天下人的利益。』

孔子说：『以恩惠回报别人对自己的恩惠，那么人们就会受到勉励。以怨恨来报复别人对自己的怨恶，那么人们就会得到惩戒。《诗经》说：「说话不会没反应，施德不会没报答。」《太甲》说：「人民没有君主，不能互相安宁；君主没有人民，也不能君临四方。」』

孔子说：『以恩惠来报答别人给自己带来怨恨的，这是爱身以息怨的人；以怨恨来回报别人对自己的恩惠的，这是该被处以刑罚的人。』

孔子说：『没有欲望而好行仁德，无所畏惧而厌恶不仁：这种人天下很少。因此，君子谈论仁德，当从自身为准，设置法规，应从人民出发。』

孔子说：『行仁德有三种情况，其效果相同而情况不同。只从效果看，都在尽力行仁，其行仁的情况不易区别。但若从人们无意之间有所忽略的地方看，那行仁的情况就可懂得了。有仁德之人，是无所企盼而安于仁，聪明之人，是明白行仁之利而利于仁，而畏惧刑罚之人则是勉强行仁。仁就像人的右手，使用顺手；道是要勉力推行的，就像人的左手，使用稍有不顺。仁就是爱人，道就是道义。因此厚于仁薄于义的人，则体现为亲近而不受到尊重；厚于义而薄于仁的人，则体现为受到尊敬而缺乏亲近。道有仁义并行的极致之道，有裁决得宜的义道，有稽查的考道。行仁义兼备的至道是王者，行义道可以称霸，行孝道可以没有过失。』

孔子说：『仁有多少、长短、大小之分，义也有多少、长短、大小之别。对别人的不幸有恻隐之心，这是天性同情他人的仁。遵循法律而勉强行仁，这是以行仁为手段而企图达到个人目的。《诗经》上说：「沣水中难道没有芑菜吗，武王难道不考虑天下长治久安之计？留下了安邦治国的好谋略，庇护他的子孙享国久长。武王真伟大啊！」这是惠及后世几代的仁。《国风》上说：「我现在自身还难保，哪里有工夫为后代着想呢！」这是短暂的终止于自己一身的仁。』

子曰：『仁之为器重，其为道远。举者莫能胜也，行者莫能致也。取数多者，仁也。夫勉于仁者，不亦难乎！是故君子以义度人，则难为人；以人望人，则贤者可知已矣。』子曰：『中心安仁者，天下一人而已矣。《大雅》曰：「德輶如毛，民鲜克举之。我仪图之，惟仲山甫举之，爱莫助之。」《小雅》曰：「高山仰止，景行行止。」』子曰：『《诗》之好仁如此。乡道而行，中道而废，忘身之老也。不知年数之不足也；俛焉日有孳孳①，毙而后已。』

子曰：『仁之难成久矣。人人失其所好②，故仁者之过易辞也。』子曰：『恭近礼，俭近仁，信近情，敬让以行，此虽有过，其不甚矣。夫恭寡过，情可信，俭易容也，以此失之者，不亦鲜乎！《诗》曰：「温温恭人，惟德之基。」』子曰：『仁之难成久矣，唯君子能之。是故君子不以其所能者病人，不以人之所不能者愧人。是故圣人之制行也，不制以己，使民有所劝勉愧耻，以行其言。礼以节之，信以结之，容貌以文之，衣服以移之，朋友以极之，欲民之有壹也。《小雅》曰：「不愧于人，不畏于天。」是故君子服其服，则文以君子之容；有其容，则文以君子之辞；遂其辞，则实以君子之德。是故君子耻服其服而无其容，耻有其容而无其辞，耻有其辞而无其德，耻有其德而无其行。是故君子衰绖则有哀色，端冕则有敬色，甲胄则有不可辱之色。《诗》云：「惟鹈在梁，不濡其翼。彼记之子，不称其服。」』

子言之：『君子之所谓义者，贵贱皆有事于天下。天子亲耕，粢盛、秬鬯③以事上帝，故诸侯勤以辅事于天子。』

子曰：『下之事上也，虽有庇民之大德，不敢有君民之心，仁之厚也。是故君子恭俭以求役仁，信让以求役礼，不自尚其事，不自尊其身，俭于位而寡于欲，让于贤，卑己而尊人，小心而畏义，求以事君，得之自是，不得自是，以听天命。《诗》云：「莫莫葛藟，施于条枚。凯弟君子，求福不回。」其舜、禹、文王、周公之谓与？有君民之大德，有事君之小心。《诗》云：「惟此文王，小心翼翼。昭事上帝，聿怀多福。厥德不回，以受方国。」』子曰：『先王谥以尊名，节以壹惠，耻名之浮于行也。是故君子不自大其事，不自尚其功，以求处情；过行弗率，以求处厚；彰人之善，而美人之功，以求下贤。是故君子虽自卑而民敬尊之。』子曰：『后稷，天下之为烈也。岂一手一足哉！唯欲行之浮于名也，故自谓便人④。』

【注释】

①俛焉：勤奋的样子。孳孳：即『孜孜』。

②失其所好：没有能力做到他希望做到的。

③秬鬯：用黑黍制成的酒。

④便人：稼穑之人。

【译文】

孔子说：『仁，当作器物，非常非常之重；当作道路，非常非常之远；当作器物，没有人可以把它举得起来；当作道路，没有人能够把它走完。对事物有利有益最多的就是仁。像这样地勉力于仁，难度够大的了！因此君子如果用义的标准来权衡人，那么做人就难以达到标准；如果用人与人相比较，那么就能够知道谁是贤人了。』孔子说：『天性喜欢行仁的人，天下非常少。《大雅》上说：「尽管道德轻如鸿毛，但是很少有人可以把它举得起来。我揣测，只有仲山甫可以举得起来，可惜时人没有可以帮助他的。」《小雅》上说：「高山则可仰慕，大道则可行走。」』孔子说：『《诗》是这样爱好仁。我以仁为己任朝着仁的大道前进，无奈却半途而废，忘记了身体已经衰老。也忘记了余日不多，仍然孜孜不倦，奋力向前，死而后已。』

孔子说：『行仁难有成就由来已久。虽然众人都说仁好却难实行，所以众人都舍弃了仁，因此行仁者会犯错误是很容易解释的。』孔子说：『恭敬近于礼，节俭近于仁，诚实近人情，又以严肃谦让待人，这样的人虽有过错也不会严重。恭敬则少差错，近人情让人可信，节俭使人可以包容。因此，这种人犯过错是很少的。《诗·大雅·抑》说：「温和谦恭，是仁德的根本。」』孔子说：『行仁难有成就由来已久，只有君子可以成功。由于君子不以自己之所能责骂别人，也不以别人之所不能去嘲笑别人。因为圣人规范人们的行为，不是用自己的行为来规范别人，而是要让人们不断勉励自己，使人明白惭愧和羞耻，使人以自己的行动来践行自己说的话，也就是用礼制来调节，用诚信来团结，用仪容面貌来装扮文饰，用服饰变革人们，用友情团结人们，这都是但愿人们一心向善，要使人们办到如《小雅》所说「对人无惭愧，对天不恐惧。」为此，君子身穿君子之服，必以君子的仪容来装扮文饰；有了君子的仪容，必以君子的言辞来修饰；有了君子的言辞，又必以君子的德行来补充。因为君子以身穿君子之服而无君子之容为耻辱，以有君子之容而无君子之辞为耻辱；以有君子之辞而无君子之德为耻辱；以有君子之德而无君子之行为耻辱。因此，君子穿上丧服有哀容，穿上礼服有敬容，穿上甲胄即有不可侵辱之容。《诗·曹风·侯人》说：「那鹈鹕在石梁上抓鱼，还不致打湿羽毛。那身穿像君子的人，却德行与服饰不相符。」』

孔子说：『君子所说的「义」，就是无论尊贵的人或卑贱的人，在人世上都要认真地做各人的事。譬如天子那么尊贵，还要举行亲耕的仪式，用黍稷和香酒来尊事上帝，所以诸侯也要勤勉地辅佐天子。』

孔子说：『在下位的服侍在上位的，尽管有了庇护民众的大德，也不敢有统治民众的想法，这是仁厚的表现。因此君子恭敬谦逊以求做到仁，诚信谦让以求做到礼，不自夸自己做过的事，不尊崇自己的身份，在地位面前表示出谦逊，在名利面前表示出淡泊，让于贤人，贬低自己而推崇别人，小心慎重而唯恐不得其当，要求自己用这样的态度服侍国君，有德时行此道，无得时也行此道，不论得失，持之以恒，全部听天从命，绝不改变信仰以获取利禄。《诗经》上说：「丰茂的葛藤，缠绕着树干和树枝。平易近人的君子，不走邪道把福求。」大概说的就是舜、禹、文王、周公吧！他们都有管理民众的大德，又有侍奉君主的谨慎。《诗经》上说：「周文王小心翼翼，懂得怎样敬奉上帝，得到了许多庇佑。他的德行让人挑不出毛病，最终得到了天下诸侯的拥护。」』孔子说：『先王给死去的人加一个谥号，这样做是为了尊崇那个人的名声，定谥号时，只是取那个人的一种善行作代表，这是因为不愿意让一个人的名声超过他的行为。所以君子不夸耀自己做的事，不推崇自己的功绩，目的是求实在；即使有了超常的行为，也不要求别人把自己作为楷模而跟着做，目的是使自己保持敦厚的本性；表彰别人的优点而赞美别人的功劳，目的是对贤能的人表示敬意。所以君子虽然自己贬抑自己，但人民却反而尊敬他。』孔子说：『后稷建立的是天下的宏业，因而受益的难道只是一两个人吗？但他为了使自己的行动超过名声，所以说自己只是一个懂得种庄稼的人。』

子言之：『君子之所谓仁者，其难乎！《诗》云：「凯弟君子，民之父母。」凯以强教之，弟以说安之。乐而毋荒，有礼而亲，威庄而安，孝慈而敬。使民有父之尊，有母之亲，如此而后可以为民父母矣。非至德其孰能如此乎？今父之亲子也，亲贤而下无能；母之亲子也，贤则亲之，无能则怜之。母亲而不尊，父尊而不亲。水之于民也，亲而不尊，火尊而不亲。土之于民也，亲而不尊，天尊而不亲。命之于民也，亲而不尊，鬼尊而不亲。』

子曰：『夏道尊命，事鬼敬神而远之，近人而忠焉，先禄而后威，先赏而后罚，亲而不尊。其民之敝，蠢而愚，乔①而野，朴而不文。殷人尊神，率民以事神，先鬼而后礼，先罚而后赏，尊而不亲。其民之敝，荡而不静，胜而无耻。周人尊礼尚施，事鬼敬神而远之，近人而忠焉，其赏罚用爵列，亲而不尊。其民之敝，利而巧，文而不惭，贼而蔽。』

子曰：『夏道未渎辞，不求备，不大望②于民，民未厌其亲。殷人未渎礼，而求备于民。周人强民，未渎神，而赏爵、刑罚穷矣。』子曰：『虞、夏之道，寡怨于民；殷、周之道，不胜其敝。』子曰：『虞、夏之质，殷周之文，至矣。虞、夏之文不胜其质，殷、周之质不胜其文。』子言之曰：『后世虽有作者，虞帝弗可及也已矣。君天下，生无私，死不厚其子，子民如父母，有憯怛之爱，有忠利之教，亲而尊，安而敬，威而爱，富而有礼，惠而能散。其君子尊仁畏义，耻费轻实，忠而不犯，义而顺，文而静，宽而有辨。《甫刑》曰：「德威惟威，德明惟明。」非虞帝其孰能如此乎？』

子言之：『事君先资其言，拜自献其身，以成其信。是故君有责于其臣，臣有死于其言。故其受禄不诬，其受罪益寡。』子曰：『事君大言入则望大利，小言入则望小利。故君子不以小言受大禄，不以大言受小禄。《易》曰：「不家食吉。」』

子曰：『事君不下达，不尚辞，非其人弗自。《小雅》曰：「靖共尔位，正直是与。神之听之，式穀以女。」』

子曰：『事君远而谏则谄也，近而不谏则尸利③也。』子曰：『迩臣守和，宰正百官，大臣虑四方。』子曰：『事君欲谏不欲陈。《诗》云：「心乎爱矣，瑕不谓矣？中心藏之，何日忘之！」』

子曰：『事君难进而易退，则位有序；易进而难退，则乱也。故君子三揖而进，一辞而退，以远乱也。』

子曰：『事君三违而不出竟，则利禄也。人虽曰「不要」，吾弗信也。』

子曰：『事君慎始而敬终。』子曰：『事君可贵可贱，可富可贫，可生可杀，而不可使为乱④。』

子曰：『事君军旅不辟难，朝廷不辞贱。处其位而不履其事，则乱也。故君使其臣，得志则慎虑而从之，否则孰虑而从之，终事而退，臣之厚也。《易》曰：「不事王侯，高尚其事。」』

【注释】

①乔：通『骄』，骄狂。

②大望：对人民要求多，这里指赋税重。

③尸利：言臣食利禄而不谏则似之。

④乱：谓废事君之礼也。

【译文】

孔子曾说：『君子所说的仁，是很难做到的！《诗经》上说：「和乐平易的君子，是百姓的父母。」君子用和乐教人自强，用平易安抚使人喜悦。百姓快乐就不会荒废事业，有礼而相亲相爱，威严庄重而安宁，孝顺慈爱而恭敬。使百姓感到父亲般的尊严，母亲般的慈爱，这样才可以作为百姓的父母，没有至高的德行谁能做得到呢？现在父亲慈爱儿子，亲爱贤能的而轻视无能的；母亲慈爱儿子，亲爱贤能的而怜惜无能的。所以子女对母亲亲而不尊，对父亲尊而不亲。人们对水亲而不尊，对火尊而不亲。百姓对土地亲而不尊，对苍天尊而不亲。人们对君王的政令亲而不尊，对鬼神尊而不亲。』

孔子说：『夏人的治国之道是尊重政令，敬奉鬼神却对它敬而远之，接近人情而讲求忠信，先提供俸禄而后施威，先赏赐而后处罚，所以夏人的政教，可亲而不可尊。这样的流弊是，百姓变得愚蠢笨拙，骄横粗野，质朴而无文饰。殷人尊崇鬼神，国君率领百姓侍奉鬼神，先敬奉鬼神而后施行礼仪，先处罚而后赏赐，所以殷人的政教，可尊而不可亲。这样的流弊是，百姓变得放荡而不安静，好胜而不知羞耻。周人尊崇礼法，崇尚施惠，敬奉鬼神而对他敬而远之，接近人情而讲求忠信，行赏论罚都按着爵位尊卑高下为序，所以周人的政教，可亲而不可尊。这样的流弊是，百姓变得贪利而取巧，文辞夸夸而无惭愧之心，互相残害而困蔽。』

孔子说：『夏代的政令不亵渎言辞，对百姓不苛求责备，不征重税，百姓没有生发亲人上下厌弃之心。殷人的政令不亵渎礼法，但对百姓求全责备。周人施政则强迫百姓服从，虽不亵渎鬼神，但赏赐、加爵、刑罚，名目繁多，手段用尽。』

孔子说：『虞、夏的治国之道，民怨很少；殷、周的治国之道，百姓以承受敝败。』孔子说：『虞、夏的质朴，殷、周的文饰，都达到了极致。虞、夏，它的文饰比不过它的质朴；殷、周，它的质朴比不过它的文饰。』

孔子说：『后世即使有明王，也赶不上虞帝了。虞帝君临天下，活着时没有私心，要死了也不厚待自己的儿子，传位给他，如父母爱护子女般慈爱百姓，有忧伤悲悯的慈爱，有忠恕利益的教导，亲近而尊崇，安详而恭敬，威严而仁爱，富裕而有礼，施惠散布于人。虞帝的大臣们尊崇仁爱，敬畏道义，以讲空话废话为耻，轻视财货而无贪心，忠心耿耿而不会犯事，恪守义理而和顺，外有文采而内有情感，宽容而明辨。《甫刑》上说：「道德的威严使人敬畏，道德的光明使人尊敬。」除了虞帝还有谁能做得到？』

孔子说：『侍奉国君，要先凭借自己的言语建议，受命于君主，奉献自身，实践成就自己的主张证明其可信。所以国君责成考稽其臣子，臣子要为践行实施自己的建议而奉献致死。所以臣子接受的俸禄和做出的业绩没有不相符合，由于言行不符而受到惩罚的情形就很少。』

孔子说：『侍奉国君，大的谋划建议被采纳，就期望为天下带来大的利益，小的谋划建议被采纳，就期望为天下带来小的利益。因此君子不以小的谋划而接受大的酬报，不以大的谋划而接受小的酬报。《易》说：「国君有大的积蓄，不是只跟家人享用，而分给贤人同享，这样才能得到吉利。」』

孔子说：『侍奉国君，不把私下的事自通于国君，不说浮夸的话，不是正派人引荐就不求上进。《小雅》说：「恭敬地奉行你的职责，正直的人就和他相处。神知道你的所作所为，就会把福禄降赐给你。」』

孔子说：『侍奉国君，如果是疏远之臣而越级进谏，那就有谄媚之嫌；如果是国君身旁的大臣而不进谏，那就是处于尸位而空享利禄。』孔子说：『近臣要辅助国君，不使道德有亏，冢宰负责整治百官，各部大臣负责考虑四方的事。』孔子说：『侍奉国君，对国君的过失能够进谏，但不能够到外边宣扬。《诗经》上说：「心里爱着君子，为何不讲出来？内心深处总是希望他好，何尝有一天忘记！」』

孔子说：『侍奉国君，假如是提拔困难而降级容易，那么臣下的贤与不肖就分别清楚了；假如是提拔容易而降级困难，那么臣下的贤与不肖就混淆无别了。因此君子做客，必定要三次揖让之后才随着主人进门，而告词一次就可离开，这就是为了避免出现混乱。』

孔子说：『侍奉君主，如果多次与君主意见不合，还不愿辞职出国，那肯定是贪求俸禄。即使有人说他没有这个想法，我也不信。』

孔子说：『侍奉君主，要以慎重开始，以恭敬告终。』孔子说：『侍奉君主，君主能够使臣下升官，能够使臣下降级，能够使臣下富有，能够使臣下贫穷，能够使臣下活着，能够使臣下死去，但就是不能够使臣下做出非礼之事。』

孔子说：『侍奉国君的人，在军中不避危难，在朝廷上不推辞低贱的官职。处官位而不履行应有的职责，就会造成混乱。因此国君使用臣下，臣下能发挥自己的才智就谨慎思虑而遵命行事，否则就经过深思熟虑而遵命行事，完成使命而后隐退，这是做臣的忠厚态度。《易》说：「不侍奉王侯，使自己的志向保持高尚。」』

子曰：『唯天子受命于天，士受命于君。故君命顺则臣有顺命，君命逆则臣有逆命。《诗》曰：「鹊之姜姜，鹑之贲贲。人之无良，我以为君。」』

子曰：『君子不以辞尽人，故天下有道，则行有枝叶；天下无道，则辞有枝叶。是故君子于有丧者之侧，不能赙焉，则不问其所费；于有病者之侧，不能馈焉，则不问其所欲；有客不能馆，则不问其所舍。故君子之接如水，小人之接如醴。君子淡以成，小人甘以坏。《小雅》曰：「盗言孔甘，乱是用锬①。」』

子曰：『君子不以口誉人，则民作忠。故君子问人之寒则衣之，问人之饥则食之，称人之美则爵之。《国风》曰：「心之忧矣！于我归说。」』子曰：『口惠而实不至，怨菑及其身。是故君子与其有诺责也，宁有已怨。《国风》曰：「言笑晏晏，信誓旦旦。不思其反，反是不思，亦已焉哉！」』

子曰：『君子不以色亲人。情疏而貌亲，在小人则穿窬之盗也与？』子曰：『情欲信，辞欲巧。』

子言之：『昔三代明王，皆事天地之神明，无非卜、筮之用，不敢以其私亵事上帝。是故不犯日月，不违卜、筮。卜、筮不相袭也。大事有时日，小事无时日，有筮。外事用刚日，内事用柔日。不违龟筮。』

子曰：『牲牷、礼乐、齐盛，是以无害乎鬼神，无怨乎百姓。』

子曰：『后稷之祀易富也。其辞恭，其欲俭，其禄及子孙。《诗》曰：「后稷兆祀，庶无罪悔，以迄于今。」』子曰：『大人之器威敬。天子无筮。诸侯有守筮。天子道以筮，诸侯非其国不以筮，卜宅寝室。天子不卜处大庙。』

子曰：『君子敬则用祭器。是以不废日月②，不违龟筮，以敬事其君长。是以上不渎于民，不下亵于上。』

【注释】

①馂：进食。

②不废日月：指朝聘君长遵守日期。

【译文】

孔子说：『天子受命于天，而臣下受命于天子。因此，当君命顺应天理时臣下应顺应君命，而当君命违背天理时臣下能够离君而去。《诗经·鄘风·鹑之奔奔》说：「喜鹊双双飞翔，鹌鹑对对依傍，那个人实在太差，我却要把他当作君王。」』

孔子曾说：『君子不以言语来判定人。因为，当天下有道，人们实干会「枝叶繁茂」做得多说得少；而当天下无道，则人们空谈会「枝叶繁茂」人们说得多做得少。因此，君子如在丧事之旁，而又无力馈赠的话，就不去询问所需费用怎样；如在病人身边，而不能有所馈赠，则不问想要什么；对客人如无法解决居处的，就不问客人住在何处。因此，君子之间的交往就像清水，虽淡而能长久；小人之间的交往如同甜酒，但必败坏事业。《诗经·小雅·巧言》说：「盗贼小人，说话动听，祸由此出，乱由此生。」』

孔子说：『君子不以虚言赞扬别人，则民众会形成诚实的风气。因此，君子如问人之寒就给衣穿，问人之饥就给饭吃，赞扬其德行，就得给予地位。《诗经·曹风·蜉蝣》说：『「虚华之人令我心忧，还是让我与忠信之人一道归去吧。」』孔子说：『口头说得好听而其实毫无意义，憎恨之灾必及其身。因此，君子与其诺言未成而受责，宁愿拒绝答应而招怨。《诗经·卫风·氓》说：「想当初你言笑和悦，发誓诚恳，没想到你的心说变就变，完全违背过去的誓言，从此了结义绝恩断！」』

孔子说：『君子不以伪装的神色去接近别人。情感疏远而装得很亲密，这就如同是小人挖壁穿洞的盗贼行为。』孔子说：『情感必定要诚实，而言辞必定要善达心意。』

孔子说：『从前夏、商、周的圣明君王，都祭祀天地神明，没有不利用占卜、占筮来决定的事，不敢呈自己的私意亵渎上帝，因此办事不冲犯日期，不违背占卜、占筮的结果。占卜和占筮不重复使用。大祭祀有固定的日期，小祭祀没有固定的日期，以占筮来决定。外事在单数日举行，内事在双数日进行，不违背占卜、占筮的结果。』孔子说：『祭祀用的牲体完好，礼仪和舞乐齐备而隆盛，祭献神明的谷物清洁，因此所有礼节对鬼神都是无害的，百姓也没有怨言。』

孔子说：『后稷的祭祀是容易置办的，祝祷的言辞恭敬，欲望寡薄，所获的福禄施于子孙。《诗经》说：「后稷起始之祭祀，合乎礼仪无罪无悔，一直受福到今。」』孔子说：『天子用的占卜器具威重而庄敬。天子不占筮。诸侯在国中居住有事就占筮。天子出行在道边上归时有事就占筮，但要占卜来决定所停宿在馆舍。天子不占卜太庙建在何处。』

孔子说：『君子祭祀器皿来表达对宾客的尊敬。因此朝聘君长遵守日期，不违背占卜、占筮的结果，这样恭敬地侍奉君长，因此在上位的人对民众有尊严，在下位的人对长上不轻慢。』

缁衣

子言之曰：『为上易事也，为下易知也，则刑不烦矣。』子曰：『好贤如《缁衣》，恶恶如《巷伯》，则爵不渎而民作愿，刑不试[1]而民咸服。《大雅》曰：「仪刑文王，万国作孚。」』

子曰：『夫民教之以德，齐之以礼，则民有格心②；教之以政，齐之以刑，则民有遯心。故君民者子以爱之，则民亲之；信以结之，则民不倍；恭以莅之，则民有孙心。《甫刑》曰：「苗民匪用命，制以刑，惟作五虐之刑，曰法。」是以民有恶德，而遂绝其世也。』

子曰：『下之事上也，不从其所令，从其所行。上好是物，下必有甚焉者矣。故上之所好恶，不可不慎也，是民之表也。』子曰：『禹立三年，百姓以仁遂焉，岂必尽仁？《诗》云：「赫赫师尹，民具尔瞻。」《甫刑》曰：「一人有庆，兆民赖之。」《大雅》曰：「成王之孚，下土之式。」』子曰：『上好仁，则下之为仁争先人。故长民者章志、贞教、尊仁，以子爱百姓，民致行己以说其上矣。《诗》云：「有梏德行，四国顺之。」』

子曰：『王言如丝，其出如纶③；王言如纶，其出如綍。故大人不倡游言；可言也不可行，君子弗言也；可行也不可言，君子弗行也；则民言不危行，而行不危言矣。《诗》云：「淑慎尔止，不諐于仪。」』

子曰：『君子道人以言，而禁人以行，故言必虑其所终，而行必稽其所敝，则民谨于言而慎于行。《诗》云：「慎尔出话，敬尔威仪。」《大雅》曰：「穆穆文王，於缉熙敬止！」』子曰：『长民者，衣服不贰，从容有常，以齐其民，则民德壹。《诗》云：「彼都人士，狐裘黄黄④。其容不改，出言有章。行归于周，万民所望。」』

【注释】

①试：用。

②格心：指向善进取之心。

③纶：带子。

④黄黄：形容狐皮袍子的罩衣的颜色。

【译文】

孔子说：『在上位的如果对下边的人不苛刻，下边的人就会感觉在上位的容易侍候；下边的人如果没有欺骗之心，在上位的就容易知道下边的实情。如此一来，刑罚就能够放到一边不用了。』孔子说：『如果能够像《缁衣》那首诗所说的那样去尊重贤人，像《巷伯》那首诗所说的那样去憎恨坏人，爵位就不会滥授，百姓中就会兴起谨厚之风，不用刑罚而百姓就心悦诚服。《大雅》上说：「只要大家都来仿效文王，天下国家都信服。」』

孔子说：『对待人民，用道德教导他们，以礼制规范他们，则人民会形成向善之心。如果只是以政令来教导他们，用刑罚来限制他们，则人民只能产生逃离刑罚的心理。因此，国君对人民能像自己的子女一样关爱他们，则人民会接近自己；用诚信来团结他们，则人民不会背叛自己；用恭敬对待他们，则人民就会有顺服之心。《甫刑》说：「苗民不愿向善，故制以刑罚，制定了五种刑罚，称之为法。」这是由于民有恶德，遂隔断了他们的世系。』

孔子说：『臣下侍奉君上，不是听取他所下的命令，而是观察他的实际行动，服从他的行为。君上喜爱某样东西，臣下必然有人会更加爱好。因此，当领导的喜欢什么、厌恶什么，不能不格外慎重，因为下边的人是把领导作为榜样的。』孔子说：『禹居帝位三年，百姓在仁的方面就有所成绩，这难道是百姓个个都能仁吗？只是因为禹本人好仁，百姓受其影响罢了。《诗经》上说：「赫赫有名的尹太师，百姓都在尹躬及汤，咸有壹德。」《诗》云：「淑人尹子，其仪不忒。」』

子曰：『为上可望而知也，为下可述而志也，则君不疑于其臣，而臣不惑于其君矣。《尹吉》曰：「惟

有章法，行为以忠信为本，因而受到万民的敬仰。」』

德才会有统一的准则。《诗经》说：「那京都的人士，狐皮裘衣黄黄。他们的举止仪容有规矩，说话文雅

为人民的尊长，服饰要有固定的样式，举止仪表要有一定的规矩，以此来约束人民的行为，这样人民的道

小心你的行为。」《诗经》又说：「堂堂皇皇，美好的文王啊！多么光明，多么谨慎！」』孔子说：『作

行为一定要检点其影响。那样，人民群众就能谨慎于言语又能谨慎于行为。《诗经》说：「小心你的言语，

孔子说：『君子用言语教育人民向善，用行动制止人民作恶。因此，君子说话一定要考虑其后果，而

不会高于行，行也就不会高于言。《诗经》说：「好好谨慎行动，不违背礼仪。」』

说得出而做不到的话，君子不说；做得到而不可说的事，君子也不做。如果能够做到这样，那么人民言就

说的真有带子那样粗，那么传到臣民耳中，就会变成引棺的绳索那样粗了。所以执政的人不应提倡说空话。

孔子说：『君王所说的本来只有丝那样细小，可是传到臣民的耳中，却变成带子那样粗；如果君王所

不竭力地去行仁，以迎合领导爱仁的爱好。《诗经》上说：「德行宏大而端正，四方之国就会来归顺。」』

众的人应当表明自己的好仁志向，以正道教导民众，推行仁道，以爱护子女的态度爱护百姓，百姓就会无

王守信有威严，是天下好榜样。」』孔子说：『君上好仁，那么臣下就会不约而同地好仁。因此当领导民

关注着你。」《甫刑》上说：「天子一人有美德，全天下的百姓都会蒙受到好处。」《大雅》上说：「成

子曰：『有国家者，章善瘅[1]恶，以示民厚，则民情不贰。《诗》云：「靖共尔位，好是正直。」』

子曰：『上人疑则百姓惑，下难知则君长劳。故君民者章好以示民俗，慎恶以御民之淫，则民不惑矣。臣仪行，不重辞，不援其所不及，不烦其所不知，则君不劳矣。《诗》云：「上帝板板，下民卒瘅。」《小雅》曰：「匪其止共，惟王之邛[2]。」』

子曰：『政之不行也，教之不成也，爵禄不足劝也，刑罚不足耻也。故上不可以亵刑而轻爵。《康诰》曰：「敬明乃罚。」《甫刑》曰：「播刑之不迪。」』

子曰：『大臣不亲，百姓不宁，则忠敬不足，而富贵已过也。大臣不治，而迩臣比矣。故大臣不可不敬也，是民之表也；迩臣不可不慎也，是民之道也。君毋以小谋大，毋以远言近，毋以内图外，则大臣不怨，迩臣不疾，而远臣不蔽矣。叶公之顾命曰：「毋以小谋败大作，毋以嬖御人疾庄后，毋以嬖御士疾庄士、大夫、卿士。」』

子曰：『大人不亲其所贤，而信其所贱，民是以亲失，而教是以烦。《诗》云：「彼求我则，如不我得。执我仇仇，亦不我力。」《君陈》曰：「未见圣，若己弗克见；既见圣，亦不克由圣。」』

子曰：『小人溺于水，君子溺于口，大人溺于民，皆在其所亵也。夫水近于人而溺人，德易狎而难亲也，易以溺人。口费而烦，易出难悔，易以溺人。夫民闭于人而有鄙心，可敬不可慢，易以溺人。故君子不可以不慎也。《大甲》曰：「毋越厥命以自覆也。」「若虞机张，往省括于厥度则释。」《兑命》曰：「惟口起羞，惟甲胄起兵，惟衣裳在笥，惟干戈省厥躬。」《大甲》曰：「天作孽，可违也；自作孽，不可以逭。」《尹吉》曰：「惟尹躬天见于西邑夏，自周有终，相亦维终。」』

子曰：「民以君为心，君以民为体。心庄则体舒，心肃则容敬。心好之，身必安之；君好之，民必欲之。心以体全，亦以体伤；君以民存，亦以民亡。《诗》云：『昔吾有先正，其言明且清。国家以宁，都邑以成，庶民以生。谁能秉国成？不自为正，卒劳百姓。』《君雅》曰：『夏日暑雨，小民惟曰怨。资冬祁寒，小民亦惟曰怨。』」

【注释】

①瘽：疾恶，憎恨。

②邛：劳病。

【译文】

孔子说：「做人君的使臣于一望即可知其思想，做臣子的忠诚勤恳，可以称述而记载。这样君主就不会怀疑臣子，而臣子也不会被君主困惑。《伊诰》说：『伊尹自己与汤，都有专一不变的道德。』《诗经》说：『那些善人君子，他们的仪态从没有差错。』」

孔子说：「掌管国家的人，要表彰善行、憎恨罪恶，以此来向人民表示自己淳厚正派的政风，这样人民的向善之志就能团结齐一。《诗经》说：『恭敬地安守职位，追求正直的德行。』」

孔子说：「当国君的假如好恶不明，百姓就会惑乱而不知所从；在下位的人如果心怀鬼胎，就会使君长非常劳神。因此作为民众的领袖，应该表彰善人使百姓有所仿效，谨慎地惩处坏人以儆效尤，这样一来百姓就不会惑乱而不知所从了。作为臣下，合乎道义的事就要奉行，不尚清谈，不引荐国君力所不能及的事让国君去做，不谈论国君有所不知的事让国君去听，如此一来当国君的就省心了。《诗经》上说：「如果国君好恶无常，百姓都得受害。」《小雅》上说：「臣下不忠于他的职守，这是国君劳碌的原因。」』

孔子说：『政令不能实行，教化不能成功，是因为爵禄赏赐不当，不足以鼓励人们向善，刑罚施用不当，不足以使人们知道耻辱，因此在上位的人不可以滥用刑罚而也不可将爵禄随意赏赐人。《康诰》说：「要谨慎公平地运用刑罚。」《甫刑》说：「施用刑罚要有道理作依据。」』

孔子说：『国君不亲大臣，则百姓不能安宁。那样，忠敬不足则君臣相疑，而享受富贵却已过度。大臣不治理国政，近臣就会朋比为奸。因此，国君对大臣不能不敬，因为大臣是人民的表率；对近臣不能不慎，近臣是民众的引导者。君王不能同小臣商量大臣的事，也不能同远臣商谈近臣的事，更不能同内臣商讨外臣的事，这样，大臣没有憎恨，近臣没有妒忌，远臣也不受欺骗。祭公临终的遗嘱说：「不要用小臣的谋议败坏大臣的作为，不要因宠妾抛弃庄重的夫人，也不要因宠幸的近臣诋毁忠臣。」』

孔子说：『在上位的不亲信贤德的人而亲信无德的小人，民众就失去他们所亲近的准则，而政教因此烦扰起来。《诗》说：「那君王起初访求我时，唯恐得不到我；等得到我后，却又把我晾在一边，不肯重用我。」《君陈》说：「没见到圣人时，好像自己不可能见到；等他见到圣人后，又不能听圣人、用圣人。」』

孔子说：『小人喜爱玩水，就容易被水淹死；君子喜爱议论，就容易祸从口出；执政者喜爱玩弄百姓，就容易被百姓推翻。小人与水接近容易被水淹死，就是因为水看起来柔和易于轻慢狎玩而难于真正亲和，因此小人容易被水淹死。君子说话多空话而烦腻，过头的话容易说而难反悔，因此君子容易被口淹死。上位者面对百姓，百姓不明白道理，心怀诡诈，对他们可以恭敬而不能够怠慢，稍不当心即反叛离析，因此在上位者容易被人淹死。所以君子不能够不十分小心。《太甲》上说：「勿逾越天命以自取覆灭。如同虞人，弩机张开，仔细观察，等到箭头、箭尾、目标三者成一条直线，再发射。」《说命》上说：「嘴是用来说话的，如果出言不当就会带来耻辱；盔甲是用来自卫的，如果用得不当就会引起战争；放在箱子里的礼服是准备行礼时穿的，不能随便送人；干戈是用来征伐坏人的，但在使用以前要反躬自省，不能加害无辜。」《太甲》上说：「上天降下的灾殃，还能够躲避；自己造成的灾祸，无法躲避。」伊尹告诫太甲说：「我伊尹的先祖曾见到过夏代西邑的政治，夏禹以忠信治民而享受天命，辅助他的人也一直奉行忠信到最后。」』

孔子说：『民众把国君当作自己的心，国君把民众当作自己的身体。心强壮体就舒泰，心严肃容貌就恭敬。心喜欢，身体必能安适；君主爱好，民众必定也爱好。心以身体得以保全，也因身体而受到伤害；国君依靠民众而存在，也会因民众而灭亡。《诗》说：「从前我们有先君，政教分明又廉清。国家因此而得安宁，都城因此得建成，民众因此得生存。」「谁能掌国政？不自以为是，让老百姓老是劳累受苦。」《君牙》说：「夏季暑天下雨，百姓埋怨天；到冬季天气寒冷，百姓又埋怨天。」』

子曰：『下之事上也，身不正，言不信，则义不壹，行无类也。』

子曰：『言有物而行有格也，是以生则不可夺志，死则不可夺名。故君子多闻，质而守之；多志，质而亲之；精知，略而行之。《君陈》曰：「出入自尔师虞，庶言同。」《诗》云：「淑人君子，其仪一也。」』

子曰：『唯君子能好其正，小人毒其正。故君子之朋友有乡①，其恶有方。是故迩者不惑，而远者不疑也。《诗》云：「君子好仇。」』

子曰：『轻绝贫贱，而重绝富贵，则好贤不坚，而恶恶不著也。人虽曰「不利」，吾不信也。《诗》云：

「朋友攸摄，摄以威仪。」」

子曰：「私惠不归德，君子不自留焉。《诗》云：『人之好我，示我周行。』」

子曰：「苟有车，必见其轼；苟有衣，必见其敝；人苟或言之，必闻其声；苟或行之，必见其成。《葛覃》曰：『服之无射②。』」

子曰：「言从而行之，则言不可饰也；行从而言之，则行不可饰也。故君子寡言而行，以成其信，则民不得大其美而小其恶。《诗》云：『白圭之玷，尚可磨也。斯言之玷，不可为也。』《小雅》曰：『允也君子，展也大成。』《君奭》曰：『昔在上帝，周田观文王之德，其集大命于厥躬。』」

子曰：「南人有言曰：『人而无恒，不可以为卜、筮。』古之遗言与？龟筮犹不能知也，而况于人乎？《诗》云：『我龟既厌，不我告犹。』《兑命》曰：『爵无及恶德，民立而正事，纯而祭祀，是为不敬。事烦则乱，事神则难。』《易》曰：『不恒其德，或承之羞。』『恒其德侦，妇人吉，夫子凶。』」

【注释】

①乡：通「向」，方向。

②无射：不厌弃。

【译文】

孔子说：「下级侍奉上级，行为不正派，言语无信用，那么道义上就不专一，行为也没什么守则。」

孔子说：「说话有内容，行动有准则，这样的人，活着时有不能动摇的志向，死去后有不能磨灭的美名。

因此，君子见闻广博，虚心坚守；君子交际要广泛，择友少精学习而亲近他；知识精细而深思熟虑，规划重点而加以实行。《君陈》说：「凡颁发的政令都来自你们众臣的谋虑，众人赞同再实行。」《诗经》说：「贤人君子，他的威仪始终如一。」』

孔子说：『只有君子能够喜好对自己正言规劝的人，小人则仇恨对自己正言规劝的人。所以君子交朋友有一定的原则，厌恶别人也是有一定的原则。由于君子的好恶有定，所以和君子交往多的人不会产生疑惑，和君子交往少的人也不会产生疑惑。《诗经》上说：「君子的理想配偶。」』

孔子说：『轻易和贫贱的朋友绝交，而难以和富贵的朋友绝交，这表明他好贤的意志不坚定和痛恨坏人的态度不明确。即使有人说他不是为了个人私利，我也不会信任。《诗经》上说：「朋友交往要辅佐，辅佐依靠礼义。」』

孔子说：『他人以小恩小惠的礼品相赠，但有违于道德，在这种情况下，君子是不会把这样的人留在身边。《诗经》上说：「真正爱我的人，应当给我指出忠信之道。」』

孔子说：『一个人如果有车子，就必定能够看到供人凭靠的车轼；一个人如果有衣服，就必定能够看到用它来遮蔽身体，一个人如果在说话，就必定能够听到他的声音；一个人如果做了什么事，就必定能够看到他做出的成果。《葛覃》上说：「旧衣服，穿不厌。」』

孔子说：『说然后行，则言语不能掩饰；行，然后说，则行动不能掩饰。因此，君子总是少说而多做，以行为来证明言论，那样别人就不能夸大他的优点，也不能缩小他的缺点，《诗经》说：「白圭的缺点，还可磨去；言行的缺点，不能抹掉。」《小雅》又说：「实在是君子呀！果真有大作为。」《君奭》说：「从前上天认真考察文王的德行，才把统一天下的天命集于其身。」』

孔子说：『南方人有这样一句话：「人如果性情无常，就不可以为他卜卦，占筮。」这也许是古人留下来的谚语吧？龟筮尚且不能定其吉凶，况且是人呢？《诗经》上说：「我的灵龟已厌烦了，不再把吉凶告知我。」《说命》上说：「爵位不能赏给道理恶劣之人，不然百姓误将他们当作模范，由他们频繁地对神祭祀，这是对神的大不恭敬。其事烦则乱于典礼，侍奉鬼神也很难得到庇佑。」《易经》上说：「不是长久地维持他的德行，有时或会蒙受羞辱。」又说：「长久地维持德行，占问，这在妇人是吉，而在男子是凶。」』

奔丧

奔[1]丧之礼：始闻亲丧，以哭答使者，尽哀；问故，又哭尽哀。遂行，日行百里，不以夜行。唯父母之丧见星而行，见星而舍。若未得行，则成服而后行。过国至竟，哭，尽哀而止。哭辟市朝，望其国竟哭。至于家，入门左，升自西阶，殡东，西面坐，哭尽哀，括发、袒，降，堂东即位，西乡哭，成踊；袭、绖于序东，绞带，反位，拜宾，成踊，送宾，反位。有宾后至者，则拜之、成踊、送宾皆如初。众主人、兄弟皆出门，出门哭止，阖门，相者告就次。于又哭，括发、袒，成踊。于三哭，犹括发、袒，成踊。三日成服，拜宾送宾皆如初。

奔丧者非主人，则主人为之拜宾、送宾。奔丧者自齐衰以下，入门左，中庭北面，哭尽哀，免、麻于序东，即位袒，与主人哭，成踊。于又哭、三哭，皆免、袒。有宾则主人拜宾送宾。丈夫、妇人之待之也，皆如朝夕哭位，无变也。奔母之丧，西面哭尽哀，括发、袒，降，堂东即位，西乡哭，成踊，袭、免、绖于序东。拜宾、送宾，皆如奔父之礼。于又哭，不括发。

妇人奔丧，升自东阶，殡东，西面坐，哭尽哀。东髽，即位，与主人拾踊。

奔丧者不及殡，先之墓，北面坐，哭尽哀。主人之待之也，即位于墓左，妇人墓右。成踊，尽哀，括发，东即主人位，绖、绞带，哭，成踊。拜宾，反位，成踊。相者告事毕。遂冠，归，入门左，北面，哭尽哀，括发、袒，成踊，东即位，拜宾，成踊。宾出，主人拜送。有宾后至者，则拜之、成踊、送宾如初。众主人、兄弟皆出门，出门哭止，相者告就次。于又哭，括发，成踊；于三哭，犹括发、成踊。三日成服，于五哭，相者告事毕。为母所以异于父者，壹括发，其余免以终事。他如奔父之礼。齐衰以下不及殡，先之墓，西面哭尽哀，免、麻于东方，即位，与主人哭，成踊，袭。有宾则主人拜宾、送宾。宾有后至者，拜之如初。相者告事毕。遂冠，归，入门左，北面，哭尽哀，免、袒，成踊，东即位，拜宾，成踊。宾出，主人拜送。于又哭，免、袒，成踊。于三哭，犹免、袒，成踊。三日成服，于五哭，相者告事毕。

闻丧不得奔丧，哭尽哀；问故，又哭尽哀。乃为位，括发、袒，成踊，袭、绖、绞带，即位，拜宾，反位，成踊。宾出，主人拜送于门外，反位。若有宾后至者，拜之、成踊、送宾如初。于又哭，括发、袒，成踊，于三哭，犹括发、袒，成踊。三日成服。于五哭，拜宾、送宾如初。若除丧而后归，则之墓，哭，成踊，东括发、袒，绖，拜宾，成踊，送宾，反位，又哭尽哀，遂除。于家不哭。主人之待之也，无变于服，与之哭，不踊。自齐衰以下，所以异者免、麻。

凡为位，非亲丧，齐衰以下皆即位，哭尽哀，而东免、绖，即位，袒，成踊，袭，拜宾，反位，哭，成踊，送宾，反位。相者告就次。三日五哭，卒。主人出送宾，众主人、兄弟皆出门，哭止，相者告事毕。

成服，拜宾。若所为位家远，则成服而往。

齐衰望乡而哭，大功望门而哭，小功至门而哭，缌麻即位而哭。

哭父之党于庙，母、妻之党于寝，师于庙门外，朋友于寝门外，所识于野张帷。

凡为位不奠。

哭天子九，诸侯七，卿大夫五，士三。

大夫哭诸侯，不敢拜宾；诸臣在他国，为位而哭，不敢拜宾；与诸侯为兄弟，亦为位而哭。

凡为位者壹袒。

所识者吊，先哭于家而后之墓，皆为之成踊，从主人北面而踊。

凡丧：父在，父为主；父没，兄弟同居，各主其丧；亲同，长者主之；不同，亲者主之。

闻远兄弟之丧，既除丧而后闻丧，免、袒，成踊，拜宾则尚左手[②]。

无服而为位者，唯嫂叔及妇人降而无服者麻。

凡奔丧，有大夫至，袒，拜之，成踊，而后袭；于士，袭而后拜之。

【注释】

①奔，表现出急迫而尽快赶回去的样子。

②尚左手：吉拜。

【译文】

奔丧的礼仪：刚一听到父亲（或母亲）去世的噩耗，只用哭泣答复使者，尽情地哭泣；然后向使者询问父母去世的原因，听完使者的叙述之后，接着又哭，尽情地哭泣。于是就起身上路，每天的行程是一百里，白天赶路，夜间留宿休息。只有奔父母之丧，在天上还能够看到星星时就早早动身赶路，到晚上满天星星时才休息。如果由于某种原因不能立刻动身奔丧，也能够在三天成服之后再动身。在奔丧的途中，每经过一个国家的国境线都要哭，哭到完全发泄了心中的悲哀为止。哭时要避开集市。看见本国的国境要哭，而且从此之后就哭不绝声了。抵达家门，从门的左边进去，从西阶登堂，在灵柩东面坐，对着灵柩尽情痛哭，这时要去冠用麻绳束发，赤膊、下堂在东边就位，朝西痛哭，跺踊，然后在东面廊下加上麻绖，束的是绞合苴麻而成的腰带，再返回原来的位置，拜谢宾客，送宾客到门口，又回到位置上。这时，有迟到的宾客，就要向他们拜谢，跺踊，送宾客，就和刚才所做的一样。然后父亲的庶子和堂兄弟们都走出门外，出了门就停止哭泣，将殡宫的门关上，赞礼的告知应去的丧次。在第二天哭灵时，仍要用麻绳束发，赤膊、跺踊，第三天哭灵时，还要如此。三天以后成服，拜宾送宾都和原来一样。

奔丧者如果不是主人，那么主人就替他拜宾和送宾。奔丧的人如果是齐衰之下的亲属，在到达家门之后，从门的左边进去，站在院子当中，面朝北，放声痛哭，尽哀而止，然后到东墙东边戴上绖，系上麻腰带，再站到自己应站的位置上露出左臂，主人跺脚痛哭，自己也跟着跺脚痛哭。在第二天早上、第三天早上哭灵时，其打扮、其礼数也都和第一天刚回家时一样。如果有宾客前来吊丧，就由主人替他拜宾、送宾。主人、主妇对于奔丧者的来到，都是站在朝夕哭时的位置上等候。不因奔丧者的到来而有所变化。奔母亲的丧事，登堂向西对灵柩尽情痛哭，用麻绳束发、赤膊，下堂到东面就位，向西哭泣，跺踊，披麻戴孝都在东廊，拜宾送宾，都和奔父亲丧事一样，在第二天哭灵时不束发，只戴绖。

妇人奔丧，从东阶登堂，在灵柩东面朝西坐，尽情痛哭，在堂下东侧去掉裹发的帛，露出发髻，到东阶就位，和主人轮流跺踊。

奔丧者如果没有赶在停殡期间回家，则先到墓前，坐地向北痛哭尽哀。在家代替奔丧者主持丧事的主人接待他的礼数是男人们在墓的左侧就位，妇人在墓右就位，都哭踊，尽哀。奔丧者用麻绳束发，然后到墓东即主人之位，加麻绖，系绞带，跳脚，痛哭。拜宾后，又回到主人之位，又跳脚，痛哭。赞礼者汇报墓前事毕（然后回家）。于是戴上冠。到家后，从大门左边进去，在中庭向北痛哭尽哀，又去冠饰，括发，露出左臂，哭成踊，后到东阶下就位，拜宾，跳脚，痛哭。宾客出去时，由主人拜送。如有宾客后到，也拜宾，跳脚，痛哭，送宾礼节像开始一样。众庶子及堂兄弟都出门后，自己又一次出门哭，停止哭泣。赞礼者汇报殡宫事毕，然后进入倚庐居次。第二天哭，用麻绳束发，跳脚痛哭。第三日哭，还用麻绳束发，跳脚痛哭。三日后成服，成服之次日为第五次哭，然后赞礼者汇报殡宫之礼毕。为母亲奔丧，假如也在安葬后才到，其与为父礼仪之不同，在于刚进门即用麻束发，以后都戴着绖，直至丧礼结束。其他与为父奔丧之礼同。

为齐衰以下的亲属奔丧，如果没在停殡期间赶回，返回后就先到墓地，面朝西痛哭，尽情地表达悲伤，在墓的东侧脱去吉冠，戴上绖，腰间系上麻带，然后就位，和主人一道痛哭，跳脚，然后穿好衣服。若有宾客来吊，就由主人拜宾、送宾。来吊的宾客如有迟到者，拜宾的事仍由主人承担，就像刚才一样。赞礼者宣告哭墓的事完毕。奔丧者于是戴上冠，回家，从门左侧进入，面向北而哭，尽哀为止，然后戴上绖，袒露左臂，跳脚痛哭，然后在阼阶之东就位，主人为之拜宾，奔丧者跳脚痛哭。宾客退出，主人拜谢送出门外。

第二天早上哭灵时，戴上绕，袒露左臂，跳脚痛哭。第三天早上哭灵时，也要戴上绕，袒露左臂，跳脚痛哭。三天后穿好丧服。第五天哭灵后，赞礼者告知奔丧礼完毕。

听见父母的噩耗而又不能奔丧，在这种情况下的礼仪是：放声痛哭，尽哀为止；然后向使者询问父母去世的原因，问完，又放声痛哭，尽哀为止。于是赶紧安排灵堂，设立哭位，用麻绳束发，露出左臂，跺脚痛哭；然后穿好衣服，戴上麻绖，系上绞带，在阼阶下就主人之位，拜谢前来吊丧的宾客，拜谢之后返回原位，跺脚痛哭。来宾退下，主人拜送于门外，然后又回到原位。如果有的宾客来吊丧时迟到了，主人照样要表示拜谢，跺脚痛哭，送客出门，就像接待没有迟到的宾客一样。第二天哭灵的时候，用麻绳束发，露出左臂，跺脚痛哭。在第三天哭灵的时候，还仍然这样。到第四天才把整套丧服穿戴齐整。在第五天哭灵的时候，拜宾、送宾的礼仪和第一天一样。如果奔丧者是在家人除去丧服后才回到家，那就要先去墓地，痛哭，跳脚，在墓东侧用麻绳束发，袒露左臂，戴上麻绖，然后拜送宾客，返回原位跳脚痛哭，送宾出门，返回原位，又痛哭，尽情地表达悲哀，然后除去丧服。回到家中就不再哭了。原先在家代替奔丧者主持丧事的人在接待奔丧者时，可以不改变自己的吉服，可以和奔丧者一起哭，但不跳脚。如果是齐衰以下的亲属在家人除去丧服之后才回家，礼节不同的地方在于，在墓地时头戴绕，腰间系上麻带，而不用麻绳束发和袒露左臂。

凡是在外地排列遥哭的位次，只要不是父母的丧事，而是齐衰之下的丧事，都要各就各位，痛哭尽哀；然后走到堂下东墙的东边，脱掉冠戴上绕，腰间系上麻带，然后就位，露出左臂，跺脚痛哭，然后穿好衣服，拜谢前来吊丧的宾客，然后回到原位，又痛哭跺脚，然后送走来宾，回到原位。赞礼者告别到丧次去。在三天之内哭够了五次，于是停歇。赞礼者相宣布丧礼完毕。第四天将丧服穿戴齐整，如有宾客来吊，则拜谢之。如果设立哭位之家离自己的居处遥远，就能够在成服之后前去。

奔齐衰之亲人之丧，看见亲人之乡就开始哭；奔大功之亲人，看见亲人的家门就开始哭；奔小功之亲人，到了亲人之门外开始哭；奔缌麻之亲人，则就位而后哭。

对同姓而无服的亲人去世，到祖庙为他哭；母族或妻族之人去世，就在寝宫为他哭；老师去世，能在自己宗庙门外为他哭；朋友去世，则在自己寝宫门外为他哭；认识的人去世，可在郊外设一帷帐为他哭。

凡在外地设哭位的，不设供品致奠。

臣于外地闻天子之丧而不能奔丧，为他哭九天；闻诸侯之丧而不能奔丧，为他哭七天；闻卿大夫之丧而不能奔丧，为他哭五天；闻士之丧而不能奔丧，为他哭三天。

大夫在异国设位哭旧君，不得以主人自称而拜宾、送宾。大夫、士出使于外国设位而哭君主时，也不得以主人自称拜宾送宾。诸侯为兄弟而在别国的亲属，在所在之国设位哭去世的诸侯，也不得拜宾、送宾。

凡在外地设位哭悼的，只需在闻丧之当天袒露左臂而哭，之后不必再袒。

死者生前认识的人从外地前来吊丧，来时死者已下葬先让他在家中哀哭，而后又到墓前哀哭，哭的时候都要跳脚，面朝北和主人交替跳脚。

凡是妻子的丧事，有父亲在就由父亲主丧；父亲去世了，兄弟虽然共同生活，各为各的妻、子主丧；与死者亲疏关系相同，就由长者主丧；与死者亲疏关系不同，就由关系最亲的主丧。

在除丧之后才获得小功以下兄弟的死讯，还要头戴绕，袒露左臂，跳脚痛哭，拜谢宾客时要将左手放在右手上面。

相互不服丧而按亲疏排列品位的，只有在嫂嫂和小叔子之间，以及对于因降低丧服等级而不再为之服丧的妇人才这样，哭时系麻绖。

凡是士奔丧到家作为主人正在行礼时，有大夫来吊唁，就袒露左臂，拜谢大夫，跳脚痛哭，然后穿好衣服。对于来吊唁的士，就穿好衣服后再拜谢。

问丧

亲始死，鸡斯，徒跣，扱①上衽，交手哭。恻怛之心，痛疾之意，伤肾、干肝、焦肺，水浆不入口，三日不举火，故邻里为之糜粥以饮食之。夫悲哀在中，故形变于外也；痛疾在心，故口不甘味，身不安美也。

三日而敛。在床曰尸，在棺曰柩，动尸举柩②，哭踊无数。恻怛之心，痛疾之意，悲哀志懑气盛，故袒而踊之，所以动体安心、下气也。妇人不宜袒，故发胸、击心、爵踊，殷殷田田，如坏墙然，悲哀痛疾之至也。故曰：『辟踊哭泣，哀以送之』，送形而往，迎精而反也。

其往送也，望望然，汲汲然，如有追而弗及也。其反哭也，皇皇然，若有求而弗得也。故其往送也如慕，其反也如疑。求而无所得之也，入门而弗见也，上堂又弗见也，入室又弗见也，亡矣丧矣，不可复见已矣！故哭泣辟踊，尽哀而止矣。心怅焉怆焉，惚焉忾焉，心绝志悲而已矣。祭之宗庙，以鬼享之，徼幸复反也。成圹而归，不敢入处室，居于倚庐，哀亲之在外也；寝苫枕块，哀亲之在土也。故哭泣无时，服勤三年，思慕之心，孝子之志也，人情之实也。

或问曰：『死三日而后敛者何也？』曰：『孝子亲死，悲哀志懑，故匍匐而哭之，若将复生然，安可得夺而敛之也？故曰：三日而后敛者，以俟其生也。三日而不生，亦不生矣，孝子之心亦益衰矣。家室之计，衣服之具，亦可以成矣。亲戚之远者，亦可以至矣。是故圣人为之断决，以三日为之礼制也。』

或问曰：『冠者不肉袒，何也？』曰：『冠，至尊也。不居肉袒之体也，故为之免以代之也。然则秃者不免，伛者不袒，跛者不踊，非不悲也，身有锢疾，不可以备礼也。故曰：丧礼唯哀为主矣。女子哭泣悲哀，击胸伤心；男子哭泣悲哀，稽颡触地无容[3]，哀之至也。』

或问曰：『免者以何为也？』曰：『不冠者之所服也。《礼》曰：「童子不缌，唯当室缌。」缌者其免也，当室则免而杖矣。』

或问曰：『杖者何也？』曰：『竹、桐一也。故为父苴杖，苴杖，竹也；为母削杖，削杖，桐也。』

或问曰：『杖者以何为也？』曰：『孝子丧亲，哭泣无数，服勤三年，身病体羸，以杖扶病也。则父在不敢杖矣，尊者[4]在故也；堂上不杖，辟尊者之处也；堂上不趋，示不遽也。此孝子之志也，人情之实也，礼义之经也。非从天降也，非从地出也，人情而已矣。』

【注释】

①扱：插，掖。

②动尸：小殓、大殓及殡时都要迁动尸体。举柩：谓启殡及葬时。

③无容：不文饰仪容。

④尊者：指父亲。父亲是一家之长，故称尊者。

【译文】

父母亲刚刚去世，孝子要脱去冠，露出发簪和束发的帛，光着脚，把深衣前襟的下摆掖在腰带中，双手交替捶打胸口痛哭。那种悲痛万分的心情，那种痛不欲生的心意，简直使肾脏伤损、肝脏枯萎、肺脏焦灼，一点水也喝不进，一口饭也吃不进，一连三天都不生火，因此左右邻居只好熬点稠粥给他喝给他吃。因为心中无限悲哀，因此面色憔悴，形容枯槁；因为痛不欲生，因此不想吃也不想喝，也不注重穿什么为好。

人死三日而举行大殓。死人在床叫作『尸』，入棺叫作『柩』，因此只要迁动尸体和抬起灵柩时，孝子都要尽情痛哭顿足。惨痛之心，悲伤之情，痛苦之意，悲哀苦闷之气充满身体，情绪激动不安，因此孝子袒露左臂跳脚痛哭，通过活动身体，稳定情绪。妇人不宜袒露左臂，但可略开胸襟，手敲胸膛，像麻雀一样跳脚，咚咚砰砰的声响，像是墙体轰然垮塌，悲伤惨痛至极。因此《孝经》说：『捶胸顿足哭泣，悲哀惨痛送灵。』送出先人的形骸，迎回先人的精气。

孝子在往墓地送葬的时候，眼睛远望着前方，显出焦急的神情，如同是在追逐死去的亲人而又追不上的样子。葬毕哭着回来的时候，孝子的神情彷徨，就好像有什么心事没有完结似的。因此孝子在前往送葬的路上，就像幼儿思慕父母而哭泣不止，在葬毕回来的路上，又像是担心亲人的神灵不能跟随一道回来而迟疑不前。满腹心事而没有了结，回到家里，进门一看，却如何也见不到亲人的影子，上堂再看，还是见不到亲人的影子，进入亲人的寝室再看，还是见不到亲人的影子！如此看来，亲人是确实死了，走了，再也不能相见了！因此哭天嚎地，捶胸跺脚，要把内心的悲哀尽情发泄，只有这样才觉得心里好受点。内心无限惆怅，无限悲痛，无限恍惚，无限感慨，除了伤心和悲哀以外，还有什么办法呢！在宗庙中致祭，把亲人作为鬼神来祭飨，也不过是希望亲人的灵魂可以幸而回来罢了。孝子把亲人在墓穴中埋好后回到家中，不敢进入自己的寝室居住，而是居住简陋的倚庐里，就是因为哀痛死去的亲人还在荒郊野外；睡在草苫上，拿土块作为枕头，就是因为哀伤死去的亲人还身埋土中。因此想起来就哭，没有定时，服丧三年，忧心劳思，日夜思念，是孝子的心志，也是人情的真实流露。

有人问道：『人死后三天才入殓，这是为什么呢？』回答是：孝子在父母刚刚去世时，心中悲哀，思想上一下子接受不了，所以趴在尸体上痛哭，就好像是能把父母哭活似的，人们怎么可以不顾及孝子的这点心思而强行马上入殓呢？所以说，之所以三天以后才入殓，是为了等待死者的复生。三天以后还不复生，那就说明没有复生的希望了，孝子企盼父母复生的信念也逐渐动摇了；而且在这三天之内，有关治丧花费的筹划，入殓衣物的准备，也都可以就绪了；远道的亲戚，也可以来到了。所以圣人就根据这种情况做出决断，把死后三天才入殓作为礼制定了下来。

有人问道：『在戴着冠的时候不能袒露左臂，这是什么道理呢？』回答是：『冠是至为尊贵的东西，当一个人袒露肢体时是不能戴冠的，否则就是对冠的亵渎，所以特地制作绕来代替冠。但秃子不能戴绕，驼背的人不袒露左臂，跛脚的人子哭时就不用踩脚，但这并不意味着这些人内心就不悲哀，而是因为他们身患痼疾，没法完成这些礼节。所以说，丧礼只是以悲哀为主。女子哭泣悲哀，捶胸伤心，男子哭泣悲哀，叩头触地，不在意仪容，这都是极度悲哀的表现。』

有人问道：『童子为什么也要戴绕呢？』回答说：『绕是尚未加冠的童子所戴的。《仪礼》上说：「童子没有缌麻之服，只有当家主事的童子才为族人服缌。」童子当家主事服缌麻之，就要戴绕，甚至还要拄丧杖。』

有人问道：『丧杖是用什么做的呢？』回答说：『用竹子或桐木做的。无论用什么做的，其作用是一样的。所以为父亲用苴杖，苴杖是用竹子做成的；为母亲用削杖，削杖是用桐木削成的。』

有人问道：『孝子在居丧期间为什么要拄丧杖呢？』回答说：『孝子由于死去了父母，经常哭泣，不计其数，忧劳勤苦地服丧三年，身体有病，体质很弱，需要用杖来支撑病体。如果父亲健在，就不敢为母亲拄丧杖，这是因为尊者尚健在的缘故；孝子在堂上也不拄丧杖，因为堂上是尊者所在的地方，需要避开。孝子在堂上不应快步行走，以显示从容不迫，否则就容易引起父亲的伤心。这些都是出于孝子的一颗诚心，是人情的真实流露，是合理合情的常规，不是从天上掉下来的，也不是从地下冒出来的，只不过是人情本应如此而已。』